마음을 치유해 주는
유머의 힘

마음을 치유해 주는

유머의 힘

앨런 클라인 지음

양영철 옮김

밀라그로

contents ♪

제2부. 울고 싶은 순간, 힘든 시기를 극복하는 방법

제3부. 최후의 웃음

추천 서문

저자 앨런 클라인(Allen Klein)은 오랫동안 웃음과 유머, 놀이의 위대한 힘에 관해 가르쳐왔다. 이 유머와 놀이를 이해하려면 완전한 기쁨만 아니라 깊은 고통의 경험에서 비롯되는 성숙과 공감이 필요하다. 이 책이 가벼운 책이 아니라는 것을 말해 주는 도입부를 통해, 클라인이 그런 경험이 많다는 사실을 알 수 있다. 이 책 '마음을 치유해 주는 유머의 힘'의 초반부에서 작가는 웃음과 놀이가 가져다주는 정신적, 신체적으로 긍정적인 영향에 대해 설득력 있게 말한다. 또한 클라인은 웃음에 영향을 주는 다양한 문화적 교훈에 대해서도 설명한다. 저자는 놀이와 유머가 체내의 화학반응을 일으키고, 신경계, 순환계, 내분비계 면역체계 등 신체에 많은 영향을 미친다고 강조한다. 과학적인 연구는 "웃음은 최고의 치료제"라는 현명하고도 오래된 명언을 이해할 수 있게 해준다.

이 책 '마음을 치유해 주는 유머의 힘'은 타이밍의 중요성을 짚어 보고 때때로 유머가 적절하지 않은 이유를 알려준다. 나는 이 책을 읽는 동안, 아버지가 말기 악성종양 진단을 받기 얼마 전에 있었던 일을 떠올렸다.

아버지의 건강은 1년이 넘게 악화되고 있었다. 나는 풍선과 장난감, 막대기, 말 같은 것들을 들고 아버지를 찾아갔다. 나는 아버지와 한동안 이야기를 나눈 후 준비해 간 도구들로 방 안을 꾸미기 시작했다. 그런데 아버지가 갑자기 흥분하셨다. 분위기를 좀 밝게 해보려는 나의 노력이 전혀 달갑지 않으셨던 게 분명했다.

그날 이후, 아버지께서는 새벽에 매형에게 전화를 걸어 내가 아버지를 전혀 사랑하지 않는다며 불평하셨다고 한다. 그후, 매형이 내게 전화를 걸어와 아버지가 했던 말을 전해 주었다. 매형은 내가 뭔가 해야 하지 않겠냐고 물었다. 하지만 나는 그럴 필요 없다고 대답했다. 나는 아버지를 기분 좋게 해드리려고 했지만, 그날은 타이밍이 적절하지 않았기에 아버지가 그렇게 받아들인 거라고 생각했다.

이 일이 있은 후, 며칠 동안 아버지와 나 사이에는 어색하고 썰렁한 기운이 감돌았다. 이번 일이(이 사건뿐 아니라 다소 갈등이 생기는 어떤 일이라도) 당연히 별일 아니라고 생각했고, 아버지와의 관계도 끈끈했기에 그다지 걱정하지는 않았다. 이 일은 심각한 상황에서 재치(유머)를 찾는다는 것이 그만큼 위험할 수 있다는 것을 보여준다.

1년이 넘는 기간 동안 죽음의 문턱을 향해 걸어가는 아버지의 모습을 보아왔다. 하지만 아버지는 당시, 의학적으로 치유될 수 없는 암이라는 병을 눈앞에 두고 검진을 받고 있었던 것이다. 따라서 그때는 유머가 시기적으로 적절하지 못했다. 아픔과 죽음을 눈앞에 두고 있을 때, 웃음과 농담이 주는 큰 이점을 얻기 위해서는 어느 정도의 위험이 따른다. 성장을 위해서는 기꺼이 위험을 감수해야 하는 것이다. 웃음과 재미는 유용한 도구이다. 더 창의적으로 생각할 수 있도록 해주고, 자신의 한계를 극복할 수 있도록 해주고, 보다 지혜로운 사고로 상황을 더 쉽게 헤쳐나갈 수 있게 돕는다. "유머러스해지기 위한 시도가 진심에서 비롯된 순수한 것이라면, 위험은 줄어들고 그 시도는 실패하지 않을 것이다."라고 작가는 말한다.

　책의 두 번째 파트에서 작가는 아무리 괴로운 상황이라도 받아들이고 극복할 수 있는 여러 가지 방법을 제시한다. 이 파트에서는 사람들의 다양한 경험 속에서 유머가 어떻게 자연스러운 조화를 이루는지에 대해 이야기한다. 나에게는 가장 의미 있는 부분이었다. 이 부분을 읽으면서 삶의 역경을 다양한 관점에서 생각해 볼 수 있는 기회를 갖게 된다.

　이 책 '마음을 치유해 주는 유머의 힘'의 세 번째 파트에서는 심각한 병과 죽음 속에서 유머와 웃음, 오락이 하는 역할에 대해 설명한다. 세 번째 파트는 내가 이 책의 서문을 작성하고 있을 당시에도 적지 않은 도움이 되었다. 막 서문을 쓰기 시작했을 때, 이모가 돌아가셨다. 앨런 클라인이 강조한 유머와 재치는 죽음과 가족, 시신의 매장과 장례에 있어서도 굉장히 중요한 부분이었고, 그 유머와 재치는 이모의 죽음을 더욱 의미 있게 해주었다.

이 책을 쓴 앨런 클라인에게 깊이 감사한다. 책을 읽고 또 읽으면서 많은 것을 배웠다. 우리 병원 환자들과 자신의 삶을 보다 풍요롭고 활기차게 만들고 싶은 모든 이들에게 이 책을 추천한다.

칼 사이몬튼 박사(O. Carl Simonton M.D.),
'마음의 의학(Getting well again)'의 저자)

두 마리 토끼를 동시에 잡아라

행복할 때는 눈물이 나지만, 슬플 때는 웃음이 나지 않는다.
행복한 것이 더 나은 것 같다.
그러면 동시에 두 가지 감정을 만끽할 수 있을 것이다.
– 릴리 톰린(Lily Tomlin, '에디스 앤'의 저자)

나의 아내 앨런이 병원에 누워 투병생활을 하고 있었다. 아내 옆에는 플레이걸 잡지가 놓여 있었다. 갑자기 아내가 남자 누드 페이지를 펼치더니 벽에 붙이라고 했다.

내가 "아무래도 병원에서 이건 좀 야한 것 같아." 하고 말하자, 아내는 "말도 안 돼, 그럼 옆에 나무에서 나뭇잎 하나 떼서 중요한 부분만 가려봐." 하고 말했다.

나는 아내가 하라는 대로 했고, 첫 번째 날, 그 중요한 부분은 나뭇잎에 아주 잘 가려졌다. 두 번째 날도 아무 문제없었다. 그런데 세 번째 날, 나뭇잎이 쪼글쪼글해지기 시작했고 나뭇잎에 가려져 있던 부분이 조금씩 드러났다.

우리는 바싹 말라버린 나뭇잎을 볼 때마다 웃게 되었다. 이 사소한 즐거움은 길어봤자 10~20초를 넘지 않았다. 하지만 이 작은 재미로 우리는 전보다 더 가까워졌고, 활기를 되찾아 깜깜하기만 했던 어두운 바다를 헤쳐나갔다.

유머는 아주 잠깐이라도 우리를 절망 속에서 건져주고, 일시적으로나마 버텨낼 힘을 준다. 다시 기운을 내고 에너지를 재충전하는 짧은 휴가와 같다. 아내의 길었던 투병생활은 긴장과 슬픔의 나날들이었지만, 행복했던 웃음의 시간도 있었다.

아내는 자주 내 옆구리를 찌르며, "여보~! 뚱해 있지 좀 마~. 나 이렇게 멀쩡해. 우리 아직 같이 웃을 수 있어." 하며 나를 달래곤 했다.

아내, 앨런은 나에게 많은 것을 가르쳐 주었다. 당시 가장 중요한 것은 우리는 행복한 시간을 보내기 위해 함께 있다는 것이었다. 아내는 모든 순간은 행복을 즐기기 위한 기회라고 생각했다. 아내가 아는 모든 사람들은 인생을 함께 즐기는 친구들이었다. 사람들과 만났을 때, 노는 것은 항상 중요한 부분이었다. 아내와 나의 결혼식 날, 아내는 내가 얼마나 긴장했는지 알고 있었다. 케이크를 자르고 의례적으로 서로에게 먹여주는 순서가 되자, 아내는 케이크를 내 입에 넣지 않고 내 머리에 묻혔다. 순간, 긴장이 풀어지고 나는 웃음을 터트렸다.

아내는 늘 내 덕분에 웃음이 난다고 했지만 정작 내가 그렇게 할 수 있도록 이끌어줄 사람은 앨런, 본인이었다. 아내가 남기고 간 이 위대한 유산과 교훈에 깊이 감사한다. 아내의 죽음은 내게 너무 큰 슬픔이었지만, 그로 인해 전에는 알지 못했던 새로운 세계를 보게 되었다. 그런 일이 없었더라면 내가 이렇게 매년, 전 세계 수천 명의 사람들에게 강연을 하지도 않았을 것이고, 이 책도 쓰이지 않았을 것이다.

나의 유머 이론의 걸림돌은 유머가 삶의 유용한 대응 방식으로 쉽게 받아들여지지 않는다는 것이었다. 직장에서 상사들은 보통 직원들이 웃는 게 못마땅해 보인다. 병원에서 간호사들이 일하다가 웃으면 비난을 받기 십상이고, 가족들은 아파하는 가족 앞에서 웃는 것이 미안하고, 환자는 너무 활기차면 병원생활에 지장을 준다고 질책을 받는다. 그래서 유머에 대해 더 연구하게 되었다. 유머가 우리가 처한 상황을 다르게 받아들이는 새로운 시각을 제시하고, 어려움을 극복하고 상처를 치유하는 강한 잠재력을 지녔다는 사실을 알려야겠다고 생각했다.

사무엘 박사는 "극도의 스트레스 상황을 극복하는 방법 중의 하나는 그것을 웃음거리로 만드는 것이다."라고 한다.
유머는 아픔을 일시적으로 잊게 하기 때문에 상황에 대처하는데 도움을 준다.
여러 가지 이야기로 독자들에게 웃음을 주는 것도 좋지만, 독자들을 웃기는 것이 이 책의 취지는 아니다.

당신을 둘러싸고 있는 유머에 대해 인식시키고, 어디에서 어떻게 유머를 발견할 수 있는지 알려주고, 새로운 패러다임으로 아픔과 괴로움을 받아들이는 기술과 도구를 제공하는 것이 바로 이 책의 취지이다. 책을 읽고 난 후, 당신의 생활 속에서, 어려움 속에서 한 번의 작은 유머나 재치를 발휘할 수 있다면 나는 목적을 달성한 것이다.

제1부

웃음 배우기

텍사스 병원에서는 자원봉사자들이 고통을 덜어주기 위해 환자들에게 코미디 프로그램을 틀어준다. 미국의 동부 해안 지방의 감옥에서는 자유의 상실로 괴로워하며 난폭해진 수감자들을 위해 만화 심리치료를 한다.

뉴욕의 한 의사는 환자들에게 저글링 하는 법을 가르쳐줌으로써 아픔을 잊도록 돕는다.

캘리포니아의 한 요양센터에서는 지속적인 유머 프로그램을 통해, 갓 머물기 시작한 사람들이 새로운 환경에 적응할 수 있도록 돕는다.

의학적 혹은 비의학적인 방법 중의 하나로 질병을 치유하기 위해 유머가 활용된다. 유머가 사람들에게 어려움과 고통스러운 상황에 적응할 수 있도록 도와주기 때문이다. 당신에게도 도움이 될 수 있다.

또한 유머는 활력과 새로운 패러다임을 제공한다. 엄청나게 힘든 상황도 극복해 나갈 수 있도록 도와주고 강인함을 길러준다. 유머는 상황에 대한 새로운 관점을 제시할 뿐 아니라, 세상이 무너질 듯한 절망적인 상황에서도 평정심을 유지할 수 있도록 도와준다.

울고 싶을 때, 미처 알아차리지 못한 순간에도 종종 유머는 믿어지지 않을 만큼 놀라운 힘을 발휘한다.

빌 코스비는 "어떤 상황에서도 유머를 찾아낼 수 있다면, 당신은 어디서든 살아남을 수 있다."고 말했다.

제1장

웃음이 주는 것

웃음에 대적할 것은 없다.

– 마크 트웨인(Mark Twain)

웃음이 주는 심리적인 영향

유머는 힘을 준다

우리는 웃음을 통해서 역경을 이겨낼 수 있다. 웃음이 두려움과 낙담, 절망의 감정을 초월하게 만든다.

자신의 실패를 보고 스스로 웃을 수 있는 사람은 우울하지 않다. 오히려 희망에 넘치고 기운이 나고 용기를 얻게 된다.

러시아 인간권리 활동가인 나탄 아나톨리 샤란스키(Natan Anatoly Sharansky)는 사형선고를 받고 16개월 동안 독방 수감생활을 포함해, 9년을 구소련 감옥에서 보냈다. 구소련 비밀경찰은 총살형 집행대나 구타 고문이야기를 하며 지속적으로 그를 협박했다. 그가 견뎌내야 했던 가장 큰 고통은 많은 사람들이 겪는 '두려움'이었다.

샤란스키는 유머를 통해 자신을 보호하고 그 두려움을 극복해 냈다.

"저는 총살형 집행대에 대해서 자주 이야기하고 거기에 대해 농담하기 시작했습니다. 수십 번 농담을 하다 보니 그 단어가 결국 다른 단어들처럼 아무렇지 않게 들리기 시작했죠. 그 단어를 듣는 것에 익숙해지고 더 이상 두려움을 느끼지 않게 되었습니다."

샤란스키는 공포는 상황을 악화시킬 뿐이라고 생각하고, 공포가 그를 사로잡지 못하게, 유머로 두려움을 극복했다. 참을 수 없는 고초를 겪을 땐, 견뎌낼 수 있을 때까지 그것에 대한 농담을 했다. 가끔은 힘든 상황에 맞서 할 수 있는 것이 없을 때도 있지만, 우리를 힘들게 하는 것을 이겨내기 위해 할 수 있는 것이 있을 수도 있다. 어려움 속에서 유머를 발견함으로써 우리에게 닥친 곤경을 최소화시킬 수 있다. 유머는 하루의 힘든 부분이나 일생의 괴로운 시기를 어루만져 줄 것이다.

18세기 철학자인 모제스 멘델스존의 예를 들어 보자.

하루는 멘델스존이 베를린 거리를 걷다가 우연히 건장한 체격의 프로이센 경관과 부딪치게 되었다.

"이 자식이!"

경관이 고함을 쳤다. 그 상황에서 그 말에 맞대응하면 그 경관이 신체적 구타를 행사할 수도 있다는 생각을 하고, 멘델스존은 다른 대응 방법을 선택했다.

그는 모자를 들어, 경관에게 머리 숙여 깍듯이 "멘델스존입니다." 하고 인사를 했다.

유머는 어떤 상황도 전환시킬 수 있는 힘을 가지고 있다.

빌 킨의 '가족 서커스(Family Circus)'라는 만화 중에, 변기통에서 물이 넘친 직후 화장실의 광경을 그린 만화가 있다. 한 아이는 발목까지 오는 물을 헤치며 걷고 있고, 몇몇 여러 아이들은 쏟아져 나오는 물을 치우고 있고, 다른 한 아이는 물이 뚝뚝 떨어지는 곰 인형과 함께 변기 물통 위에 서 있다. 뒤에는 화난 엄마가 흠뻑 젖은 강아지를 들고 황급히 나가고 있다.

반면에 아빠는 수건과 배관 수리도구를 들고 엄마에게 돌아서 말한다.

"이리 와서 좀 봐봐. 에마 봄베크(유머작가)는 분명 여기서도 웃긴 걸 발견할 거라고!"

코미디언과 만화가들, 그리고 코미디 작가들은 고통스러운 상황을 정복하는 유머의 힘을 알고 있다. 아울러 여러 연구를 통해, 미국의 많은 유명한 코미디언들이 어린 시절에 극도의 고립과 우울, 괴로움, 상실을 경험했다는 사실을 알 수 있다. 이 코미디언들은 자신의 고난이나 상실에 대해 농담을 하는 것이 고난을 이겨내는 한 가지 방법이 될 수 있다는 것을 알아냈다.

심리학자 사무엘 재이너스와 과학자 세이무어, 그리고 '세상이 재미있고 영원한 것처럼'의 작가인 로다 피셔는 고통을 이겨내기 위한 무기로 유머를 사용하는 여러 코미디언들에 대한 이야기를 했다.

찰리 채플린(Charlie Chaplin)도 유머를 통해 어려움을 극복했다고 한다. 런던의 가난한 동네에서 자랐고, 5살 때 아버지가 알코올중독으로 돌아가시고 이후 어머니는 정신이 이상해지셨다. 채플린은 이 침울한 기억들을 영화로 만들어 코미디 영화의 신화를 일궈냈다.

영화 '골드 러쉬(Gold Rush)'에서, 먹을 음식이 없어 가죽을 끓여 저녁으로 먹는 장면을 누가 잊을 수 있을까?

미국의 가장 훌륭한 지도자였던 에이브러햄 링컨(Abraham Lincoln)은 직업을 잃고, 사업에 망하고, 입법부 선거에서 낙방하고, 의회에서 재임에 실패하고, 상원의원의 기회를 두 번이나 놓치고, 미국의 부통령선거에서 떨어졌다. 위의 모든 실패와 심각한 우울증, 세 아들과 사랑하는 부인의 죽음에도 불구하고 링컨은 끊임없이 그의 유머감각을 총동원하여 그를 이끌어줄 힘과 강인함을 얻었다.

링컨에 대한 책에서 작가 케이트 제니슨은 "링컨과 함께 일한 이들을 놀라게 한 링컨의 능력은 전쟁기간 아침식사에도 잃지 않는 웃음이다. 시민전쟁의 피바다 속에서 개최된 한 회의에서, 링컨이 웃기는 이야기가 담긴 책을 크게 소리 내어 읽어 내각 의원들이 놀라 말을 잇지 못할 정도였다. 책을 읽은 후, 링컨은 여러분, 좀 웃어 보지 않겠습니까? 내가 웃지 않았으면, 난 죽었을 것입니다. 내가 이 약이 필요한 만큼 여러분도 필요할 겁니다.' 라고 했다."

웃음 제조기였던 그들은, 우리가 살고 있는 것과 같은 고통스러운 세상을 살았다. 그들은 또한 실패와 고난, 사랑하는 사람을 잃는 고통을 겪었다. 그들이 다른 사람들과 다른 점은 자신의 불행을 즐거움으로, 눈물을 웃음으로 만드는 방법을 알아냈다는 것이다.

유머는 상황을 극복해 나가는 큰 힘이 된다

즐거운 생각을 하는 것은 고통스러운 생각을 지우는
가장 효과적인 방법이다.
– 한스 젤리에(Hans Selye, 스트레스 연구자)

게일 쉬히의 베스트셀러 '통로를 찾는 사람들(Pathfinder)'에서 그는 삶의 위기를 극복한 사람들이 변화와 불확실성으로부터 자신을 지키는 4가지 방법을 제시하였다. 상황 속에서 유머를 찾아내는 것은 대처 방안 중 하나였다. 나머지 세 가지 방안은 더 많은 일을 하는 것, 친구들과 함께 시간을 보내는 것, 그리고 기도였다. 게일 쉬히는 큰 행복감을 느끼는 사람들이 가진 눈에 띄는 공통점은 힘든 상황 속에서 유머를 발견하면서 어려운 시기를 극복해 낸 것이라고 했다.

35년에 걸쳐 진행되었던 또 다른 연구에서, 하버드 의학대학 신경정신과 교수인 이인 조지 베일런트 박사는 게일 쉬히와 유사한 결론을 내렸다.

베일런트 박사는 심리적으로 힘든 시기에 전문적인 직업인들에게 사용되는 다섯 가지 '성숙한 대응 방식'을 이야기하였다. 유머는 기대와 이타심, 억제, 적응순화와 함께 그중의 하나라고 주장했다.

유머는 여러 방법으로 어려움을 극복하도록 도와준다. 한 가지는 일시적으로 괴로운 감정에 변화를 준다는 것이다.

한번은 고속도로에서 자동차 냉각장치가 폭발한 적이 있었다. 세 시간 동안 도로가에 앉아 오래된 콜라 캔과 널빤지들, 성냥 첩들로 성을 만들었다. 이 방법으로 생각을 분산시키고 내 자신을 즐겁게 함으로써 분노를 삭일 수 있었다.

우리가 경험하는 대다수의 괴로움은 어려움으로 인한 감정이 아니라, 그 어려움을 바라보는 시각에서 비롯된 것이다. 아픔을 초래하는 실제적인 문제가 아니라 그 사건에 어떻게 연관됐는지에 따른 관련성의 문제인 것이다.

흔히 교통 체증이나 접촉 사고를 경험하거나 도로 장애물을 만나곤 한다. 어떤 사람에게는 버스 고장이 큰 짜증으로 다가오겠지만 다른 누군가에게는 길에서 흥미로운 구경거리를 즐길 수 있는 좋은 기회인 것이다.

과학자들은 몸과 마음의 연관관계에 대해 연구를 진행하면서 또 다른 사실을 밝혀냈다.

감정과 생각, 태도가 정신 건강에 막대한 영향을 미칠 뿐 아니라 질병을 극복하는 능력과 신체적인 건강에 또한 큰 영향을 준다는 사실에 대한 증거들을 계속해서 발견하고 있다.

다양한 연구에서 몸과 마음의 밀접한 관계를 입증해 왔다. 실제로 혈우병에 걸린 아이들은 신체적인 상처뿐만 아니라 슬픔의 감정으로 인해서도 피를 흘린다. 냉소적이고 분노에 찬 사람은 긍정적인 사고를 가진 사람들보다 심장마비에 더 걸릴 확률이 높다.

병원에서도 공원이 내려다보이는 창이 있는 병실에 머무는 환자들이 창이 없는 병실의 환자들보다 회복속도가 더 빠르다고 한다.

몇 년 전, 홈스(Holmes)와 레이히(Rahe)에 의해 진행되었던 일반적인 스트레스에 대한 연구에서, 인간의 삶의 큰 변화를 초래하는 것들에 순위를 매겼다.

부정적인 변화로는 배우자 사별과 실직이, 긍정적인 변화로는 아기의 탄생과 휴가가 1위로 꼽혔다. 당시에는 삶의 막대한 상실과 변화가 큰 스트레스를 유발하고 건강을 해치는 위협적인 요인이 될 수 있다고 여겨졌다. 하지만 최근, 버클리 캘리포니아 대학의 연구자인 리처드 라자러스 박사에 따르면 특정기간으로 나뉘어 측정되지 않는 일상생활의 스트레스가 질병을 일으키는 가장 유력한 주범이라는 사실이 점차 드러나고 있다.

이 모든 연구 결과가 보여주는 것은 스트레스적인 상황과 변화, 상실 속에서 건강한 유머감각이 만드는 긍정적인 사고의 중요성이다.

긍정적인 사고는 정신적인 스트레스가 신체적인 질병을 유발하지 않는 데 큰 역할을 한다. 뿐만 아니라 다른 곳에 신경을 쓰면서 유머로 고통스러운 일들을 분산시켜 버리게 된다. 이를 통해 고조된 긴장을 해소하고 두려움, 적대감, 분노, 화와 같은 감정들이 뻥 뚫리게 된다.

두려움과 분노는 심장마비의 원인과 관련된 감정들이다.

유머에 관한 이야기들의 다양한 의견과 웃음이 주는 신체적인 이점들에 대한 광범위한 연구를 집필한, 스탠포드 대학의 신경정신과 윌리암 프라이 교수는 두려움과 분노의 감정은 유머로 다스려지고 완화된다고 알렸다.

프라이 교수는 유머는 심장을 건강하게 유지하는데 중요한 역할을 한다고 말했다.

"유머는 두려움을 완화시킨다. 즐거움이 가득 찬 순간에 분노라는 감정은 있을 수 없다."고 했다.

심지어 웃음은 상당히 심각한 문제로 야기된 갈등까지도 완화시킨다.

쿠바의 미사일 위기시기에 한번은 구소련과 미국의 협상이 교착 상태에 빠지게 되었다. 양측 모두 말없이 앉아 있을 때, 누군가가 웃긴 이야기를 각각 하나씩 해보자고 제안했다.

구소련 측에서 한 명이 수수께끼를 냈다.

"자본주의와 공산주의의 차이가 무엇인지 아십니까?"

답은 무엇이었을까?

"자본주의에서 인간은 인간을 착취한다. 공산주의에서는 거꾸로 돌아간다."

전략은 통했고 다소 편안해진 분위기 속에서 협상이 다시 진행되었다고 한다.

유머가 스트레스를 어떻게 해소시키고, 어려운 상황을 극복하도록 도와주는지를 예를 통해 살펴보자.

이 이야기는 완벽한 저녁식사로 손님을 감동시키려고 했던 한 집주인의 이야기이다.

집주인은 하루 종일 음식을 준비하고 식사 중 시중을 들어줄 사람까지 고용했다. 메인 요리를 내오기 전까지 모든 것은 완벽했다.

그런데 음식을 내오는 사람이 양고기 갈비구이를 들고 나오던 중 주방 문이 그 사람의 뒤를 치는 바람에 접시가 방을 가로질러 날아갔다. 접대를 하던 집주인은 당황했고, 이내 평정을 되찾고 말했다.

"이봐요, 거기 그렇게 서 있지 말고 음식을 주워야죠. 식당에 가서 다른 걸 내오세요."

심리분석학자인 마틴그로탄 박사는 말한다.

"어려운 순간에도 웃음을 잃지 않는 것은 인간의 괴로움과 고뇌를 이해하는 것과 같은 것이다. 웃음과 유머는 자신의 나약함과 좌절을 받아들이는 서글픈 과정인 동시에 그 좌절로부터의 자유를 의미한다."

유머로 자신 앞에 놓인 문제를 실질적으로 해결할 수 없지만, 적어도 웃고 있는 동안은 그로부터 해방될 수 있다. 그 문제가 난감한 상황이건, 사소한 어려움이건, 힘든 실패이건, 유머의 발견은 그 현실에서 미련을 버리고 자유로워짐을 의미한다.

힘든 시기에 유머를 더 해보는 일은 그 시기를 잘 극복하고, 더 이상 걱정하지 않고, 다시 시작하기 위해 할 수 있는 가장 현명한 일이다.

자신의 전 재산을 잃은 한 유대교 지도인, 랍비가 앉아서 율법 책을 읽고 있었다.
그 모습을 본 아내가, "난 당신이 현명한 사람이라고 생각했어요. 그런데 이렇게 전 재산을 잃고도 어떻게 앉아서 책이나 읽고 있을 수 있는 거죠?" 하고 말했다.
랍비가 대답했다.
"나는 현명한 사람이오. 나는 이미 모든 걱정을 초탈했기에 이렇게 앉아서 율법을 읽고 있는 것 아니겠소."

유머는 우리가 잃은 것을 되찾아주지 않지만 그 아픔을 극복하게 도와준다. 코미디언 마이클 프리차드는 웃음을 아기 기저귀 가는 것에 비유했다.
"문제를 근본적으로 해결하는 것은 아니지만, 한동안은 괜찮을 것이다."

유머는 멀리 보는 법을 알려준다

한 걸음 물러서는 것은 당신을 작아지게 하지 않는다.
큰 그림 속의 일부가 되게 할 것이다.
—에슐리 브릴리언트(Ashleigh Brilliant)

폴 러스킨 교수는 의학 협회 저널에서 소소하고 유머러스
한 발상의 전환이 어떻게 전체적이고 새로운 관점을 이끌어
내는지에 대해 설명했다. 성장과 노화의 심리학적인 측면에
대한 수업을 하면서 아래와 같은 사례를 학생들에게 읽어주
었다.

"이 환자는 말을 할 수 없고, 알아들을 수도 없습니다. 몇 시
간 동안 쉬지 않고 알아들을 수 없는 말을 웅얼웅얼하기도
합니다. 사람과 장소, 시간에 대한 관념이 없습니다. 종종 본
인의 이름에 반응을 하기도 합니다. 지난 6개월 동안 함께
지내왔지만 신체적인 외모에는 전혀 무관심하고, 자신을 돌
보기 위해 아무 노력도 하지 않습니다. 음식을 먹여주어야
하고, 목욕도 시켜주어야 하고, 옷도 입혀주어야 합니다. 치
아도 없기 때문에 음식을 으깨어 만든 스프인 퓌레를 먹여주
어야 합니다. 계속 침을 흘려서 웃옷은 늘 지저분합니다. 걸
을 수 없고, 수면습관도 불규칙합니다. 한밤중에 종종 일어

나기도 하는데, 소리를 지르고 다른 사람을 깨우기도 합니
다. 보통은 상냥하고 행복해하지만 가끔은 별 이유 없이 흥
분하기도 합니다. 그리고는 누군가가 와서 달래줄 때까지 울
부짖습니다."

러스킨 교수는 학생들에게 사례를 들려주고 이 사람을 어
떻게 돌보아야 할지 물었다.

대부분의 학생들은 돌보고 싶지 않은 환자라며 고개를 저
었다. 그가 학생들에게 그는 지금 즐겁게 돌보고 있고, 아마
너희들도 그렇게 될 거라고 하자 모두들 갸우뚱했다. 그러고
나서 학생들에게 그 환자의 사진을 건네주었다. 그 환자는 이
제 6달 된 교수의 딸이었다.

유머를 통해 새로운 시각을 얻게 된다. 이는 전형적인 착시
그림과 같은 이치이다. 한쪽에서 보면 슬픈 표정을 한 남자의
모습을 보게 된다. 돌려보면, 남자의 수염은 머리가 되고 콧
수염은 눈이 되고, 곧 웃고 있는 남자의 모습을 발견하게 될
것이다. 같은 그림이지만 다른 각도에서 보면 완전히 다르게
보이는 것이다. 유머는 모든 상황을 측면에서, 거꾸로, 뒤에
서, 뒤집어서 볼 수 있게 한다.

곤경 속에서 유머를 찾게 될 때, 그 상황이 예전처럼 크고
중요하게 보이지 않을 것이다. 유머는 우리가 보는 제한된 그
림의 영역을 확장시켜 주고 당면하고 있는 문제, 그 이상을
볼 수 있도록 도와준다.

살아오면서 힘들었던 시기에 대해 생각해 보자. 시험을 못 보거나 음식을 태운 일, 좋아하는 접시를 깨트린 일처럼 작은 것부터 시작해 보자.

이제 손바닥에 그 힘든 상황이 적혀 있다고 상상해 보자. 그리고 손가락을 위로 하고 손바닥을 코에 눌러보자. 그런 다음 일어나서 손을 코에 올린 채로 방안을 이리저리 돌아다녀 보자.

손바닥이 얼굴에서 조금씩 멀어지고, 가려져 있던 것이 조금씩 보이기 시작하면서 고난 속에서 조금씩 유머를 보게 되는 순간을 생각해 보자. 힘든 상황은 여전히 남아 있지만 그것이 더 이상 그렇게 크게 보이지는 않을 것이다.

앞을 보지 않고 풀을 뜯다 길을 잃은 양처럼, 사람들은 물러서서 큰 그림을 볼 것을 잊어버리고 너무 자신과 자신의 문제에만 집중하다가 길을 잃게 된다.

영국 불교 단체에서 수년간 활동한, 한 고리타분한 영국 여성이 저명한 명상 수련자 아찬차 스님을 찾아갔다. 그녀는 스님에게 명상과 달마로 알려진 불교의 진리에 대해서 온갖 복잡한 질문을 하였다.

스님이 그녀에게 명상을 해오고 있었는지 묻자 그녀는 달마를 연구하느라 바빠 명상할 시간이 없었다고 했다. 아찬차 스님이 그녀를 보고 대답했다.

"이보시오. 당신은 마당에 닭을 키우면서 달걀 대신 닭똥이나 줍고 있군요.”

확실히 그녀는 달마를 좇느라 그것이 진정 어떤 의미인지에 대한 큰 관점을 놓치고 있었다. 그녀는 이론적인 공부에만 몰두하느라 실제로 실천해 볼 것을 잊고 있었던 것이다.

찰리 채플린은 “인생은 짧게 보면 비극, 길게 보면 코미디다.”라고 했다. 멀리 보지 못하고 웃음을 찾지 못하는 병은 현대인의 가장 큰 질병이나 다름없다. 사람들은 항상 일상에 부대끼며 살아가느라, 한 발짝 물러나 우리 상황의 우스운 모순을 보는 것을 잊고는 한다.

국가 연설 연합회의 설립자인 카베트 로버트가 이런 말을 한 적이 있다.

“아버지께서는 비행기를 놓치셨을 때 다음 비행기를 타셨죠. 저희 할아버지께서 기차를 놓치셨을 때도 다음 날 기차를 타셨습니다. 비행기나 기차를 놓쳤다고 세상이 끝나지는 않았죠. 항상 다음 기차가 있고 다음 비행기가 있었습니다. 오늘날 사람들은 회전문의 한 칸을 놓치면 하루를 망쳤다고 생각하죠.”

신문에서, 유머를 통해 어떻게 한 발짝 물러서 자신과 상황을 새롭게 보게 되는지 보여주는 편지를 읽은 적이 있었다. 그 편지는 다음과 같은 내용을 담고 있었다.

어머니, 아버지께

한동안 편지를 못 써드려서 너무 죄송해요. 기숙사에 불이 나서 무너졌을 때 학용품들도 다 망가져 버렸거든요. 지금 퇴원했고 의사 선생님도 조만간 말끔히 나을 거라고 말씀하셨어요. 화재로 제 물건이 모두 망가져서 지금은 저를 구해준 한 남자아이와 살고 있어요.

아, 어머니, 아버지. 항상 손자 보고 싶어 하셨던 거 알고 있어요. 제가 지금 임신을 해서 곧 손자가 생길 거라는 거 아시면 좋아하실 모습이 눈에 선하네요.

딸 메리 올림.

PS. 기숙사에 불이 나진 않았어요. 저도 건강히 잘 있고, 임신을 하지도 않았어요. 심지어는 남자친구도 없는 걸요. 그런데 이번에 불어과목에서는 D 학점을 받았고, 수학과 화학 과목에서는 C를 받았어요. 단지 어머니, 아버지께서 조금은 긍정적으로 생각하실 수 있도록 도와드리고 싶었어요.

유머 있는 사고는 우리가 직면하는 문제에 대한 새로운 통찰력과 다양한 해결방안을 끌어낸다. 요리를 시작할 때 닭고기를 냉장고에서 미리 꺼내놓지 않았을 경우, 한탄만 하는 것은 닭고기를 좀 더 빨리 녹이는데 전혀 도움이 되지 않는다. 상상력과 유머를 사용하는 것은 아마 도움이 될 것이다. 생각해 보자. 닭고기를 꺼내두고 운동을 하고 오면 두 마리 토끼를 잡을 수 있는 것이다.

우리 문화는 좌뇌 사회로 불린다. 논리적이고 직선적으로 생각한다. 문제에 대해 즐겁게 받아들이면 뇌의 오른쪽 부분을 사용하기 시작하기 때문에 더 많은 관점에서 문제를 바라보게 된다. 우뇌는 좌뇌보다 창의적인데다 우리가 논리적으로 사물을 바라볼 때 보지 못하는 부분을 보게 해준다.

베네트 컬프는 그의 저서에서 한 잡지 이야기를 언급했다. 그 잡지에서 모래로 휩쓸리고 황폐해진 들판에 황량한 농가를 묘사하고, 침식된 토지의 재앙적인 영향에 대한 100자 에세이를 공모했다. 공모에 참여한 모든 참가자들은 같은 사진을 묘사했고, 각양각색의 공모작이 올라왔다. 그러나 당선자인 오클라호마의 한 여성의 글만이 대상에 대한 완전히 새로운 관점을 제시했다.

"그림을 통해서 왜 백인이 화가 났는지를 알 수 있습니다. 나무는 베어지고 인디언 천막이 세워집니다. 바람에 흙이 날리고 잔디는 사라집니다. 문도 없고 창문도 없습니다. 인디언 여자도 없습니다. 마을 전체가 사라졌습니다. 돼지도 없습니다. 옥수수도 없습니다. 조랑말도 없습니다. 인디언은 토지를 경작하지 않습니다. 잔디가 자라납니다. 버펄로들은 풀을 먹습니다. 인디언은 버펄로를 먹습니다. 큰 인디언 천막이 많아집니다. 모카신을 만듭니다. 항상 먹이를 구할 수 있습니다. 인디언은 사냥을 할 필요가 없습니다. 다른 사람의 차를 얻어 탈 필요가 없습니다. 더 이상의 안락은 필요 없습니다. 댐을 짓지 않습니다. 백인들은 화가 납니다."

갑자기 사진이 다르게 보이고 웃음이 났다.
농담이 현실과 동떨어진 이야기가 아니란 걸 알면서 농담을 해본 적이 몇 번이나 있는지 생각해 보자. 유머를 통해 얻은 새로운 관점은 "아, 이렇게 생각할 수도 있구나."라는 생각을 하게 만들기도 한다.

여섯 아이의 엄마인 줄리아와 네 아이의 엄마인 사만다가 주방에 앉아 집안의 이런저런 문제에 대해 이야기를 나누고 있었다.
사만다가 말했다.
"줄리아, 애들이 말 좀 듣게 하려면 어떻게 하면 좋을까?"
줄리아가 대답했다.
"난 아무것도 안 해. 그냥 앉아서 편안하게 지켜봐."

"아, 이렇게 생각할 수도 있구나."의 또 한 가지 예로 당나귀를 데리고 국경을 건넜던 한 남자의 이야기를 들 수 있다. 그는 밀수하는 물건이 있는지 검사를 받고는 풀려났다. 다음날, 또 그 남자가 당나귀와 국경을 지났다. 전날에도 국경을 넘은 남자가 아무래도 무언가를 밀수한다는 의심은 커지고, 검사는 더욱 철저하게 진행되었다. 결국 아무것도 찾지 못하고 그 남자는 풀려나고 가던 길을 갔다. 2년 동안 매일 그 남자는 당나귀를 데리고 국경을 지나갔다. 검사자들은 매일 매일 그가 무언가를 밀수하고 있다는 사실이 더욱 의심스러웠지만, 검사 시 아무것도 발견하지 못하고 그를 보내주었다.

수년이 흘러 그 남자가 더 이상 국경을 건너지 않게 된 후, 은퇴한 국경 밀수 검사자가 시장에서 그를 발견하고는 물었다.

"당신이 무언가를 불법적으로 밀반출하고 있다는 걸 알고 있었지만 절대 찾을 수 없었습니다. 대체 무엇을 밀수했던 겁니까?"

"당신은 이미 은퇴했고, 나를 체포할 수도 없으니 말해 주겠소. 그건 바로 당나귀였소."

우리는 바로 새로운 각도에서, 새로운 관점으로, 새로운 통찰력을 가지고 상황을 바라보게 된다.

유머는 균형을 잡아준다

유머감각이 없는 사람은 조약돌에 걸릴 때마다
심하게 덜컹거리는 스프링이 없는 기차와 같다.

– 성직자, 헨리 워드 비쳐(Henry Ward Beecher)

"유머감각을 잃는 것은 당신의 중심을 잃는 것과 다름없어요."

켄 케세이의 뻐꾸기 둥지 위로 날아간 새에서 맥머피가 한 말이다.

또 다른 캐릭터는 이런 말을 했다.

"평정심을 유지하고 세상이 당신을 미치게 하지 않게 하려면, 당신을 괴롭히는 것을 비웃어줘야 해요. 그 남자는 그걸 알고 있어요."

마음의 평정이 사라지면 심리적으로나 신체적으로 아픔을 겪게 마련이다. 극도의 스트레스는 여러 가지 질병의 원인이 된다. 우울하고 자살을 기도하는 사람은 마음의 평정을 지니지 못한 사람이다. 멀리 보는 법을 모르는 것이다. 그들은 자신과 세상에 대해 심각하게 생각하고, 그 안에서 빠져나갈 출구를 찾지 못하는 딜레마 속에 갇혀버린 것이다.

유머는 우리가 정말로 비참한 상태에 도달하기 전에 빠져나갈 출구를 제공한다. 정신적인 혼란 상태에서 웃음거리를 발견한 순간 더 이상 우리는 갇힌 것이 아니다. 유머는 힘든 상황과 문제들의 짐을 덜어내는 과정인 것이다.

천사는 자신을 비워 가볍기에 날 수 있다는 말이 있다. 인간이 실제적으로 날 수 없을지 몰라도 유머로 자신이 갖고 있는 어려움들을 가볍게 하여 위로 날아오를 수 있을 것이다.

성직자인 이티 에버하르트의 저서 "유머가 존재하는 곳(In

the Presence of Humor)"에서 한 어린 남자아이와 할아버지의 대화가 나온다. 할아버지가 아이에게 강아지 집이 잘 지어지고 있는지 물었다.

아이는 자신이 톱질도 똑바로 하지 못하고, 망치질을 하면 못은 휘어지고, 나무는 동강나기가 일쑤라고 말했다.

그리고 아이는 "그런 것들 빼고는 꽤 잘되고 있어요." 하고 대답했다.

잘되지 않는 톱질과 휘어지는 못, 쪼개지는 나무들에 흔히 그렇게 낙담하는 대신, 유머는 평정심을 유지시키고 기운을 북돋아준다. 무슨 문제가 생기든지 우리가 꽤 잘해 내고 있다는 것을 상기시켜 준다.

완벽한 사람은 없다. 대부분 우리의 상황은 이상과는 거리가 멀다. 자신을 위해 할 수 있는 가장 너그러운 일은 이런 불완전함을 심각하게 받아들이지 않는 것이다. 임상심리학자 월터 오코넬이 지적한 바와 같이, 휘어진 못이나 동강나버린 나무 조각들과 같은 수많은 좌절 속에서 웃음거리를 발견할 수 있을 때 자신의 불완전함과 그 모난 부분까지 사랑할 수 있을 것이다. 힘든 상황을 보고 눈물 나게 웃을 수 있을 때, 가장 중요한 의미와 교훈을 발견하게 될 것이다. 아마도 조금 불행해진 것일 수도 있다. 하지만 완전히 모든 게 최악일 수는 없다.

웃음이 주는 신체적인 영향

의술의 역할 중 하나는 병이 자연적으로 치유되는 동안 환
자를 즐겁게 해주는 것이다.

-프랑스 철학자, 볼테어(Voltaire)

유머가 신체 건강에 이롭다는 것은 모두가 아는 사실이다.

솔로몬 시대부터 사람들은 유머의 치유력을 알아차리고 실
생활에 적용해 왔다. 성경책에서 "마음의 즐거움은 양약과도
같다."고 했다.

그리스인은 질병 치료과정의 일부로 코미디언 집을 방문하
는 것을 포함시키기도 했다. 미국의 오지브와 인디언 부족은
아픈 사람을 낫게 하기 위해 의사복장을 한 광대가 우스꽝스
러운 공연을 하게 한다.

금세기 초, '웃음과 건강(Laghter and Health)'의 저자 제임
스 월쉬 박사는 거리낌 없는 화통한 웃음은 실질적으로 모든
주요 장기를 자극하고, 질병에 대한 저항력을 높여준다고 저
술했다.

역사적이고 문학적인 확증에도 불구하고 과학계에서는 유머에 대해 진지하게 생각하지 않았다. '토요리뷰'의 편집장을 지낸 후 UCLA 의학대학 부교수를 역임한 노먼 커즌스 교수는 웃음으로 인해 바뀐 자신의 삶을 이야기하여 이 생각을 뒤집어 놓았다.

　그의 치유과정에서 가장 중요한 역할을 한 웃음이 어떤 역할을 했는지에 대한 이야기는 누구나 한번쯤은 들어봤을 법한 이야기이다. 그의 저서 '질병 해부학'에서 말했듯이, 다량의 비타민 C와 웃음은 피부나 뼈 조직의 단백질, 콜라겐에 발생하는 연결조직 질환의 병세를 전환시켰다.

　"저는 거리낌 없이 배꼽을 잡게 하는 10분간의 웃음이 몸을 마취시키는 효과가 있어 적어도 두 시간은 고통 없이 잘 수 있다는 기막힌 발견을 했습니다."

　커즌스 교수는 의도되지 않은 순수한 웃음과 질병과의 관계에 대해 알게 되었다. 부정적인 감정 상태가 병을 악화시키는 역할을 한다면 긍정적인 감정은 병을 회복시키는데 도움이 될 것이라고 생각했다. 그러고 나서 유머에 의지하고 꾸준히 코미디 프로그램을 시청했다. 웃기는 상황을 담은 카메라, 영상 방영 프로그램이나, 막스 형제의 영화와 코믹영화, 쓰리 스투지스와 같은 흥밋거리들로 주변을 채웠다. 교수의 행동이 병원의 업무를 방해하고 소음이 되자, 그는 퇴원을 결심하고 호텔로 옮겨갔다. 그는 호텔에서 병원비의 절반을 내고 2배로 더 열심히 웃을 수 있었다고 한다.

커즌스 교수는 웃음은 '달리지 않고 하는 달리기 운동'이라고 했다. 기분 좋고 거리낌 없이 웃게 될 때 몸의 모든 기능이 운동을 하기 때문이다.

웃고 나서 옆구리가 아플 정도로 정말 신나게 웃었던 적이 언제인지 생각해 보자. 위아래로 펄쩍 뛰고, 앞뒤로 몸을 뒤흔들고, 심지어 몸을 구부려가면서까지 웃었을 것이다. 공기를 더 마시기 위해 입을 크게 벌리고, 얼굴이 눈물에 범벅이 되었을지도 모른다.

이것은 몸 밖에서 일어나는 가시적인 현상이고 몸속에서도 큰 움직임이 일어난다. 윌리엄 프라이 박사는 웃음의 다양한 신체적인 영향에 대해 연구하고 그 결과를 발표해 왔다. 그는 실험을 통해 유쾌한 웃음이 인간의 모든 신체 조직은 아니더라도 대부분의 신체조직에 영향을 미친다는 사실을 발견했다.

예들 들어 심박 수와 혈압이 오르고 다시 떨어짐에 따라 심혈관 조직은 운동을 하게 될 것이다. 숨을 깊이 들이마시게 되면 폐의 활발한 공기 순환이 이루어지고 호흡기관의 운동이 되는 것이다. 호흡기관의 근육이 수축과 팽창을 반복하면서 근육의 긴장이 완화될 것이다. '러너스 하이(Runner's high)'와 같은 감정을 유발하는 마취의 기운이 혈액 조직 안으로 스며들게 된다. '러너스 하이'는 마라톤과 같은 장거리 달리기 선수들이 느끼는 기분으로, 30분 이상 달리면 기분이 좋고, 몸이 가벼워지는 일종의 쾌감이다.

거리낌 없는 통쾌한 웃음은 에어로빅과 같은 효과가 있다고 알려져 있다. 실제로 프라이 교수는 20초 정도 크게 웃으면 3분 동안 조정 운동을 했을 때와 같은 운동 효과가 심장에 나타난다고 했다. 큰 웃음의 여러 가지 장점들이 있다. 에어로빅과는 달리, 웃기 위해 특별한 복장이나 도구를 준비해야 하거나 따로 시간을 낼 필요가 없다. 웃음은 쉽고, 간편하고, 돈이 들지 않는다.

웃음과 울음의 관계

웃음과 눈물은 모두 좌절과 기진맥진에 대한 반응이다.
나는 뒤끝이 깔끔한 웃음을 더 선호한다.

-커트 보네거트(Kurt Vonnegut)

웃음과 울음은 상당히 유사하다. 웃음과 울음의 원인이 같은 경우도 있고, 그 모습도 비슷하고 소리도 흡사하다. 또 여러 가지 같은 기능을 한다. 그런데 둘 사이에는 웃음을 울음보다 강력하게 만드는 큰 차이점이 있다. 이 중요한 차이를 이야기하기에 앞서, 그 관계에 대해 먼저 생각해 보자.

시인 칼릴 지브란은 "당신을 웃음 짓게 하는 부분은 눈물로 채워진다."고 했다.

웃음을 자아내는 여러 작품들은 눈물 나게 힘들었던 시기에서 비롯된다. 코미디언 필리스 딜러가 말했다.

"누군가 결혼식 중에 신부의 옷자락을 밟고 지나가거나 트림을 한다면, 그것은 코미디가 되는 것이다."

웃음에 대해 표현할 때, 웃음과는 전혀 관련 없는 반대적인 단어를 사용하는 경우가 예가 될 수 있다.

"관객들을 초토화시켰다.", "웃겨 죽겠다.", "한방 터트렸다."

웃음과 울음의 관계는 여기서 끝이 아니다. 종종 한바탕 크게 웃으면서 눈물로 얼굴이 범벅이 되고는 한다. 또 시원하게 한번 울고 나면 유쾌한 웃음이 나기도 한다. 심지어 얼굴표정도 비슷하다. 어떤 경우는 그 사람이 울고 있는지, 웃고 있는지 확실히 말하기 어려울 때도 있다.

시원하게 울고 난 후에는 아마 기진맥진하면서도 기분은 좋아졌을 것이다. 아마 한바탕 크게 웃고 났을 때도 똑같은 기분이 들었을 것이다. 이유는 웃음과 울음의 또 다른 유사성 때문인 것이다. 둘 다 강력한 카타르시스(catharsis)를 통해 스트레스와 긴장을 완화시키는 중요한 메커니즘 속에서 나타난다.

슬픔의 눈물과 기쁨의 눈물도 깊은 관련이 있는 듯하다.

생화학자이자 "울음: 눈물의 비밀(Crying: The Mystery of Tears)"의 저자인 윌리엄 프레이 박사는 양파를 썰다 나오는 눈물처럼 다른 원인에 의한 눈물보다 감정적인 눈물에 더 많은 단백질이 함유되어 있다는 것을 발견했다. 그는 슬픔에서 비롯한 눈물은 스트레스로 인해 생기는 해로운 물질들을 제거시켜 주는 중요한 역할을 한다고 생각했고, 웃음으로 생기는 눈물은 슬픔으로 인한 눈물과 같은 기능을 한다고 추측했다. 다시 말해, 기쁨의 눈물 또한, 몸에서 나오는 해로운 독성 물질과 스트레스로 인한 감정적 억압의 눈물까지 배출한다는 것이다.

이러한 유사성에도 불구하고, 웃음과 울음 사이에는 큰 차이점이 있다. 웃음은 괴로움을 초월하도록 도와주지만 울음은 그렇지 않다는 것이다.

슬픔의 눈물은 자신에게 시선을 돌리게 한다. 눈물을 흘리고 자신에 대해 슬퍼한다. 반면 웃음은 우리의 시선을 확장시켜 상황을 보는 다른 시각을 제시한다.

작가인 헬무트 플레스너는 웃는 사람은 세상을 향해 열린 사람이라고 했다. 반면 울고 있는 사람은 그의 세계와 자신의 고통만을 보는 사람이라고 한다.

"웃음소리는 울음소리보다 더 멀리 들린다."는 속담이 괜히 생긴 것이 아니다.

슬픔의 눈물은 자신의 아픔과 상실만 본다는 것을 의미한다. 이는 상황의 심각성을 극대화시키고, 자신을 괴로움에 묶어두고 세상을 좁은 눈으로 보게 한다.

예를 들어 만약 자신이 뚱뚱한데 폭식을 한 후 괴로워하고 있다면, 그것은 자신에 대한 연민을 느끼며 괴로움을 증폭시키는 행위이자 비극의 주인공이 된다. 폭식을 한 후 자신에 대한 작은 농담("뚱뚱해도 괜찮아. 나도 몸보신 좀 해야지.")이 실제로 몸을 가볍게 해주진 않아도, 마음만은 훨씬 가벼워질 것이다.

고통에 약간의 유머를 섞는다면, 직접적인 고통을 겪지 않을 수 있다. 이것은 자신의 상황을 타인의 안경을 쓰고 보는 것과 같은 이치이다. 모든 것이 비슷해 보이지만 상황에 대해 조금 다른 시각을 갖게 된다.

고통 자체가 줄어드는 것은 아니다. 고통 속에서 약간의 여유를 갖는 것이다. 어떤 동물이든 작은 우리 속에 갇히면 사나워지고 불안해한다. 그 동물은 울부짖고, 발로 차고, 우리를 부수려고 할 것이다. 하지만 울타리를 넓혀주면 안정을 되찾게 된다.

"당신의 양이나 소를 더 크고 넓은 목초지에 풀어주는 것도 그들을 통제하는 방법이다."

농구 코치인 젠이 한 말이다.

"고통을 이겨내고 싶다면 유머로 그 울타리를 더욱 넓혀줘야 한다."

상실과 실패, 고통, 실망, 고난, 패배, 시련, 힘든 시간과 같이 전혀 즐겁지 않은 것들 속에서 유머를 찾는 것도 중요하지만, 울음의 효과도 간과하지 말아야 한다. 울음도 고통과 상실, 슬픔의 중요한 부분이다. 이 또한 극도의 스트레스적인 상황에서 몸의 긴장을 완화시키는 주요한 방법 중의 하나이다. 우리 자신이 울 수 있도록 허락해 주어야 한다.

억제된 눈물은 남아서 평생 문제가 될 것이다. 신체적으로나 정신적으로나 큰 악영향을 미칠 수 있다. 한 정신 심리 요법 의사는 오늘날 폭력의 주요원인은 울지 못함에서 비롯된다고 했다. 한 연구가는 거의 울지 않거나 우는 것에 대해 부정적인 견해를 가진 사람과 궤양이나 대장 질환 사이에 밀접한 관련이 있다는 사실을 발견했다.

우는 것은 중요하고 억제 되어서는 안 된다. 하지만 고통이나 괴로움을 느낄 때, 지속적인 울음은 건강하지 못할 것이다. 삶을 잘 이뤄나가기 위해서는 이런 눈물 나는 상황들을 새로운 관점에서 보기 시작해야 한다. 눈물은 할 수 없는 일이다. 유머만이 가능한 일이다.

제2장

어려움 속에서
웃는 법을 배우기 전에
알아야 할 것들

전문적인 코미디언들도 그들의 개그가 사람들을 웃길 수 있을지 알 수 없고, 가끔은 웃기지 못하기도 한다.

    – 에스터 블루멘펠드(Ester Blumenfeld)와 린 앨펀(Lynne Alpern), (‘웃음과의 관계(The Smile Connection)’의 공저자)

우리는 왜 웃지 않는가

현명한 자는 웃지 않고 미소만 보인다.

－체스터필드 경(Lord Chesterfield, 1748)

어떤 것들은 웃음에 방해가 되고, 어떤 것들은 웃음이 나게 한다. 고난 속에 유머를 더하는 방법에 대해 이야기하기에 앞서 우선, 왜 웃지 않는지, 어떻게 웃기 시작해야 할지, 웃은 뒤에는 어떻게 해야 하는지에 대해 간단히 알아보자.

웃음을 억제하는 다양한 요인들이 있다. 당황, 고통, 화, 거절, 걱정, 근심, 위험, 두려움, 비난 등등. 이유는 많고 이러한 억제 요인들은 어린 시절부터 시작된다. 대부분 "그렇게 웃지 말거라.", "희죽거리지 마라.", "진정하여라." 이런 말을 들어본 적이 있을 것이다. 또 종종 언제쯤 철이 들 거냐는 소리를 듣기도 한다.

우리는 웃으면 안 되는 것처럼 배워왔다. 웃음은 성숙하지 못함을 나타냈다. 심각한 모습은 경건함을 의미했다. 웃음은 소인배들이나 하는 일쯤으로 여겨졌다.

어른들의 세계에서 이러한 웃음 억제는 계속된다. 직장 상사는 웃음은 비생산적이라고 생각할 것이다.

"진지하지 않으신 분은 나가주십시오."

우리는 은행원으로서, 변호사로서, 선생님으로서, 혹은 부모로서의 역할이 유머러스해지기엔 너무 진지하다고 생각하고, 생활 속에서 웃음을 제외시켜 버린다.

직장 외에도 교회나 장례식과 같은 장소는 웃으면 안 되는 곳으로 지정되어져 있다. 부적절해 보이지 않을까 혹은 덜 진지해 보이는 게 아닐까, 다른 사람을 화나게 하는 게 아닐까, 하지 말아야 할 말을 하는 건 아닐까 하는 고민을 한다.

때로는 너무 크게 웃으면 멈추지 못하고 평정심을 되찾지 못하게 될까 봐 걱정하기도 한다. 대부분은 거리낌 없이 웃을 때 내는 소리나 그 모습이 싫어서 요란스럽게 웃지 않으려고 노력한다.

웃음을 억제하는 많은 요소가 있지만 웃음을 막는 무엇보다 큰 이유가 있다. 우리는 멍청해 보일까 봐 웃으려고 하지 않는다.

'나 자신을 위한 메모(Notes to Myself)'의 작가인 휴 프레이더는 "자기 자신을 모두 내보이는 것이 두렵지 않은 사람은 당연히 재미있는 사람일 것이다. 재미있는 것들이 마음속에 떠올랐지만 그 생각을 내뱉었을 때 사람들이 뭐라고 생각할지에 대한 두려움이 앞서 말하지 못한다."고 고백했다.

과거 광대들은 왕실에서 대우받는 위치에 있었다. 광대들에게는 행동이나 말에 제약이 없었다. 광대처럼 행동하는 것은 힘든 시기에 짐을 덜어줄 수 있다.

캘리포니아 북부지역 여행사의 웬디 씨는 약간의 우스꽝스러움으로 그녀의 크리스마스를 지켜냈다고 한다.

웬디 씨와 남편은 남부캘리포니아의 시댁에서 연휴를 보내게 되었다. 시댁 상황이 다소 침울할 거라는 걸 알고 있었기에 다소 걱정이 되었다. 그녀의 시어머니가 몇 년 전에 뇌졸중에 걸리셨고, 이후로 시아버지는 말문이 막히셨다. 웬디 씨는 시어머니와 시아버지가 연휴를 크리스마스처럼 즐겁게 보내신다면 가겠다고 남편과 합의를 봤다. 보다 확실히 하기 위해 나무와 칠면조, 캐럴송을 준비했는지까지 확인했지만 여전히 분위기를 경쾌하게 하기엔 부족한 듯했다. 그들에게 닥칠 우울한 분위기를 감당해 낼 수 있는 우스꽝스러운 뭔가가 필요했다. 웬디 씨와 남편은 동네 의상 가게에서 타이즈와 몸에 딱 붙는 옷과 종, 그리고 뾰족한 큰 귀까지 완벽하게 구비된 2개의 초록색 엘프 의상을 빌렸다.

우스꽝스러운 연극이 역효과를 낳을지도 모른다는 두려움에도 불구하고 그들의 변장은 성공적이었다. 공항에서 비행기에서 내렸을 때, 사람들의 즐거운 반응을 보고 사탕 지팡이를 나누어주며 서로를 보고 웃었다. 그들의 변장은 시댁에 도착했을 때에도 빅 히트였다. 그녀의 시어머니는 그들이 진짜 누구인지 알아보셨고, 우울해 있던 시아버지도 그녀가 본 적 없는 모습으로 한바탕 크게 웃으셨다.

"바보스러움은 때로는 정곡을 찌른다. 실패하더라도 해볼 만한 일이다."

모든 궁전의 광대들이 알고 있었듯이, 그들은 광대노릇을 통해 진실에 빛을 비출 수 있었던 것이다.

몇 년 전, 포드 자동차 회사가 많은 사람들에게 인수되고, 비용을 줄이기 위해 여러 공장을 닫았던 적이 있다. 매사추세츠와 텍사스 지역의 공장은 이미 문을 닫았고 새로운 기반 설립을 준비하는 듯해 보였다.

당시 포드사의 회장이었던 로버트 맥나마라는 남아 있는 공장을 철거해 달라는 제안을 받았다며, 이 문제를 논의하기 위해 최고경영진임원단을 소집했다. 모두 반대했지만, 회계팀의 예측이 너무 단호해서 누구도 말하지 못했다.

마침내 한 재미있는 포드사의 전문가, 찰리 베참이 입을 열었다.

"차라리 모든 공장 문을 닫고 돈을 한번 아껴보도록 합시다."

모두들 웃기 시작했고, 한동안 공장 문을 닫는 것은 보류하는 것으로 결론이 났다. 회계팀은 회사를 경영하기보다는 그들의 본업에 집중하는 것으로 제자리를 찾아갔다.

가끔 우스꽝스러운 말을 하거나 행동하는 것은 요점을 정확히 꿰뚫는 동시에 긴장을 해소시킬 수 있다. 우스꽝스럽게 행동하는 것을 주저하는 이유는 대부분 위험을 감수하기 힘들기 때문이다. 하지만 조금만 기준을 낮춰보면 우리는 모두 결국 한배를 탄 셈이다. 다들 오십보백보의 차이로 모두 그리 똑똑하지 않다.

스튜어트 에모리가 그의 저서 '현실화(Actualization)'에서 인간의 내면은 멍청하다. 우리가 할 수 있는 선택은 실천하는 바보가 될 것인지 말 것인지라고 말했다.

어디서부터 시작할 것인가

자신의 목적지를 알지 못하면 엉뚱한 곳에 도착하게 될 것
이다.

– 로렌스 피터(Laurence Peter,

웃음 처방전(The Laughter Prescription))

– 의도하기

텍사스 출신 국회의원이자 백악관 대변인 짐 라이트는 실
패는 흔히 있는 일이고, 확신 없는 시작이라면 절대 성공할
수 없다고 했다. 울고 싶은 상황에서는 웃음이 나지 않을 거
라 생각한다. 짐 라이트의 말대로라면 분명 생각한 대로 웃음
이 나지 않을 것이다. 반면에 고난과 시련 속에서 유머를 찾
으려고 한다면 우리는 이미 그 길을 걷기 시작했다는 것이다.

많은 사람들은 웃음은 저절로 나는 것이고, 웃음이 나게 하
는 특별한 방법은 없다고 생각한다. 웃음이 마음에서 우러나
는 것이기는 하지만 웃음이 나게 하기 위해 단계를 설정할 수
도 있다. 우리는 웃음이 나게 할 수도 있고, 자제할 수도 있
다. 웃음을 계획할 수도 있고 그냥 무시할 수도 있다. 웃음에

대해 마음을 열 수도 있고, 닫아 버릴 수도 있다.

창의력 연구 분야의 개척자인 로저 본 어크는 'A Kick in the Seat of the Pants'에서 관심 갖기의 중요성에 대해 기술했다.

마음의 채널과 관심, 의도는 모두 원하는 방향으로 우리를 이끈다. 지금은 울고 싶을 때 웃는 법을 배우고 있다. 그러니 본 어크의 말에 웃음을 적용해서 생각해 보면 아래와 같을 것이다.

지금 앉아 있는 자리의 주변을 둘러보고, 미소 짓게 만드는 5~6가지를 찾아보자. 찾았으면 바로 시작해 보자.

미소를 마음속에 생각하면 당신을 웃게 만들 것들이 계속 눈에 띄게 될 것이다. 어린 시절 가지고 놀던 장난감, 좋아하는 사진, 집에서 키우는 강아지 등등. 게다가 당신이 웃을 때 그것들도 함께 웃는 것처럼 느껴진다. 다시 말해, 당신이 웃음을 찾으려고 하면 찾게 된다는 것이다. 마음의 채널을 어디에 두느냐에 달려 있는 것이다.

유머에 대한 의도를 시각적으로 볼 수 있도록 아래와 같이 다이어그램으로 그려보자.

종이 한 장에 원 두 개를 나란히 그린다. 첫 번째 원은 지난주의 자신이다. 두 번째 원은 당신이 이상적으로 생각하는 모습의 자신이다.

파이 모양의 쐐기를 지난 주 동안 자신이 얼마큼 웃고 즐기고 행복했는지를 나타내는 첫 번째 원 안에 그려보자. 다음으로 파이 모양의 쐐기를 자신이 웃고 즐기고 행복해지고 싶은 정도를 보여주는 두 번째 원에 그려보자. 첫 번째 원은 지금의 자신을 보여주고 두 번째 원은 자신의 이상을 나타낸다.

이 원들은 앞으로 유머로의 항해를 안내해 줄 지도가 될 것이다. 자신의 의도가 첫 번째 원에서 두 번째 원으로 옮겨가는 것을 발견하는 순간은 당신은 목적의 방향을 전환하기 시작했음을 의미한다.

전문 강연자이자 영업 교육 담당자인 짐 캐스카트가 어떻게 한 젊은이의 의도가 최고의 영업실적 달성을 일궈내고 그를 영업 왕으로 만들었는지에 대해 이야기해 주었다. 지금의 영업 왕, 팀이 캐스카트에게 성공의 비결이 무엇인지 물어 왔을 때, 그는 19살에 불과했다. 캐스카트는 단지 목표 자체에 집착하는 것보다는 그 목표를 이룰 만한 사람이 되기 위해 노력해 보지 않겠냐고 조언해 주었다.

1년쯤 지나서 캐스카트는 팀이 소속해 있던 동종 산업의 한 국제 영업 연회를 진행하게 되었다. 전 세계 영업인들과 경쟁해서 뽑힌 그해의 최고 영업 실적자가 발표되었고 최신형 자동차가 수여되었다. 그 상의 주인공은 바로 팀이었다. 팀은 2위를 한 영업사원의 3배의 실적을 달성했다.

캐스카트는 그를 축하해 준 뒤, 어떻게 최고 영업 실적을 달성해 냈는지 묻자 팀이 말했다.

"이전에 해주신 충고를 깊이 새겨듣고 제 자신에게 물었습니다. 내가 할 일을 세계적인 영업 왕이라면 어떻게 할까? 심지어는 이 연회에 참석하기 전에도 제 자신에게 그 질문을 했습니다. 그래서 편도로 오는 일등석 티켓을 예약했습니다. 결국 세계 영업왕은 일등석을 타고 새 차를 끌고 집으로 돌아갈 것입니다."

"하지만 당신은 자신이 이 상을 받게 될 줄 모르지 않았나?"

캐스카트가 물었다.

"놓치고 있는 것이 있습니다. 정말 자신이 되고자 하는 사람처럼 행동한다는 것은 자신이 그 사람이 할 행동을 그대로 실천하는 것입니다."

팀이 대답했다.

팀과 마찬가지로 나는 목적을 달성하기 위해 되고, 하고, 취한다는 방법이 통한다고 생각한다.

첫 번째로 되고 싶은 사람이 되는 것이다. 자신의 목표가 인생의 고난에 대해 심각해지지 않는 것이라면 긍정적인 면만 보려는 사람처럼 행동해야 한다. 자신에게 끊임없이 물어보자. 항상 즐거운 사람이라면 지금 이 상황에서 어떻게 행동할까.

그 다음은 그대로 행동하는 것이다. 의도한 바대로 실천하는 것이다. 로버트 슐레 목사의 말씀처럼 지금 별로 웃을 일이 없다면 웃음을 빌려올 수 있을 것이다. 미리 한번 웃어 보는 것이다. 자신을 웃게 하는 것에 대해 생각하고, 이것을 웃음의 시발탄으로 사용하는 것이다. 흔히들 모든 것들은 변하고 있고, 모두 더 좋아지고 있는 것이라고 한다. 옳은 이야기이다.

세 번째 단계인 취하는 단계는 앞서 말한 두 가지가 모두 이루어졌을 때 자동적으로 발생한다. 당신은 이미 어려운 상황 속에서도 웃을 수 있는 사람처럼 행동하고 있기 때문에 설정했던 목표는 이미 달성된 것이다.

- 비교는 금물, 자신만의 유머를 살려라

자신은 웃길 것이라고 생각했는데 아무도 웃지 않는다고 자신을 폄하하는 것은 유머러스한 삶에는 쥐약이다. 자신의 유머를 다른 사람의 유머와 비교하지 말아야 한다. 사람마다 각기 다른 유머감각을 가지고 있고, 이는 특정한 개인적 성향에 따라 다르다.

1978년 잡지, '심리학의 오늘'에서 유머에 대한 조사를 한 적이 있다. 이 조사에서 14,500명의 독자들은 30개의 농담을 찾아냈는데, 여러 사람들은 각각 다른 부분에서 웃음의 포인트를 찾아내었다.

"30개의 농담 모두, 여러 사람에게 '매우 웃김'이라는 등급을 받는 동시에 여러 사람들에게 '전혀 웃기지 않음'이라는 등급을 받고 탈락되기도 했다."는 사실이 밝혀졌다.

조사를 통해 확실히 알 수 있듯이 모두 각자 다른 유머코드를 가지고 있다.

자신만의 개인적이고 독특한 유머감각을 찾기 위해 다음 질문에 답해 보자. 집에서 무엇이 당신을 웃게 하는가? 직장에서는? 텔레비전, 영화, 책, 만화에서는? 어떤 종류의 유머를 좋아하는가? 언제 가장 많이 웃는가?(스트레스를 받을 때, 혼자 있을 때, 다른 사람과 함께 있을 때?) 어디에서 가장 많이 웃는가?(집에서, 직장에서, 휴가 중에?) 어디에서 가장 적게 웃는가?

아마도 모르고 있던 유머에 대한 당신만의 감각을 발견했을 것이다.

예를 들어 당신의 8개월 된 강아지가 자신을 가장 웃게 만든다는 것을 알게 되었다고 하자. 힘들 때는 잠깐 시간을 내어 강아지와 함께 놀아보자. 집을 나설 때 강아지 사진을 항상 가지고 다녀보자. 좋았던 기억을 생각하며 그 힘든 시기 중, 적어도 한 번쯤은 웃게 될 것이다.

웃게 하는 것들을 최대화시키고 이 외의 것들은 최소화시키는 연습을 해보자.

예를 들어 유머 찾기 질문을 통해, TV에서 개그 프로그램이 가장 당신을 웃게 한다는 것을 발견했다고 하자. 그러면 매주, 프로그램을 보고, 볼 수 없을 땐 녹화를 해두자. 아니면 전체 시리즈를 녹화해서 웃고 싶을 땐 언제든 켜보자.

– 오늘의 악몽은 내일의 웃음

가끔 절망 속에서 쉽게 웃을 거리를 발견하기도 하지만 때로는 그렇지 못할 것이다. 에이치 춰 웰스는 오늘의 위기는 내일의 웃음이라고 했다. 대부분의 힘들었던 시기도 시간이 지난 후 돌아보면 우리를 웃음 짓게 한다. 당시에는 견딜 수 없을 것 같은 힘든 일들도 지나고 보면 결국에는 어쩐지 우습게 느껴진다.

가족 코미디의 대모인 에마 봄베크는 곤란한 상황 속에서 유머를 발견하려면 문제에 대해 두 번은 생각해야 한다고 말한다.

"셀 수도 없이 문을 쾅 내리닫고 침대에 널브러졌어요. 새벽 2시에 수도회에 전화해서 나 좀 데려가 달라고 말하기까지 했어요. 지금은 그저 추억 속에 웃음거리일 뿐이죠."

'미국의 오늘(USA Today)'의 낸시 헬미츠는 인터뷰에서 이에 대해 자세히 설명했다.

"한번은 심한 감기에 걸렸는데 처참했어요. 저세상 가는구나 싶었죠. '너무 아름답다고 미워하지 마세요.'라고 말하는 듯한 TV 속 여자들을 보는데 완전히 질려버렸어요. 감기에 걸리면 자신이 못생기게 느껴지잖아요. 콧물이 나고, 머리는 헝클어지고, 지금 생각해 보면 우스꽝스럽지만 크게 보면 그런 시간은 필요하다고 생각해요."

오늘이 2주간의 여름휴가의 첫날이라고 상상해 보자. 남편은 차 위의 짐들을 확인하고 있고, 4살 된 딸아이 목욕물을 받아주는 동안 다시 한 번 마지막으로 짐을 점검하고 있다. 아파트에 한 번 더 갔다 오는 걸 마지막으로 짐 올리기가 끝날 것이다. 당신과 남편이 복도로 마지막 짐을 옮기는 순간, 딸과 목욕물은 아파트 안에, 키 없는 당신과 남편은 아파트 밖에 남겨진 채 문이 쾅 닫혀버린다. 마치 아직은 시작에 불과하다는 듯이, 하늘에서는 폭우를 쏟아 붓기 시작한다. 차 위에 실었던 상자들은 금세, 커피에 담근 그래햄 과자가 되어버린다. 당신의 아파트는 북아메리카 5대 호수 중 하나인 이리 호가 되고, 딸은 조만간 제2의 에스더 윌리엄스(할리우드 유명 여배우 겸 수영선수)가 될 것이다.

이 이야기를 하면서 웃을 수 있을까?

아마도 일이 발생한 그 당시는 아닐 것이다. 하지만 집에 어떻게 들어갈지 생각해 낸 2초 후, 아니면 이틀 후? 아니면 나중에 딸이 집에 갇히기 놀이를 언제 또 할 거냐고 물어본다면 배꼽을 잡고 웃을지 모를 일인 것이다.

'마이 페어 레이디(My Fair Lady)'를 상영하는 브로드웨이 극장 내 상점에서 대학 시절 아르바이트를 했었다. 한번은 2층 특별석 간식 판매에 배치된 적이 있었다. 한 손에는 포도 주스 30잔, 다른 한 손에는 아몬드 사탕 20상자를 들고 빠르게 위로 올라가고 있을 때, 첫 장면의 엔딩 음악이 흘러나오기 시작했다. 순간 발을 헛디디고 넘어졌다. 휴식시간 관객들이 관객석으로 들어서는 순간 뒤돌아 폭포수처럼 쏟아지는 포도주스와 경쾌하게 바닥에서 튀어 오르는 수백 개의 아몬드 사탕을 보았다.

그 순간의 움찔함과 창피함이란 말로 표현할 수 없다. 그러나 그때를 다시 생각해 보면? 아직도 그 어이없는 상황을 생각하면 웃음이 난다. 난감한 상황 속에서 웃음거리를 찾아내는 데 때로는 10초, 때로는 10년이 걸리기도 한다. 당신에게 불행이 닥친 순간부터 불행을 보고 웃기까지 걸리는 시간은 아주 천차만별이다. 우리는 그 시간을 좀 더 줄일 수 있다. 다음에 곤란한 상황에 처하게 된다면 잠시 멈춰서서 한 달 뒤, 여섯 달 뒤, 혹은 일 년 뒤에, 아니면 여든다섯 살이 되었을 때 이 모습이 어떻게 기억될지 자신에게 물어 보자. 만약 언젠간 이 모습을 생각하고 웃음 짓겠지 하고 생각한다면 당신은 그 시간을 보다 쉽게 줄일 수 있을 것이다.

유머의 위험 최소화시키기

유머는 호감을 줄 수도 있지만, 누군가를 불쾌하게 할 수도
있다.

　　　　　　　　　－ 멜빈 헬리쳐(Melvin Helitzer, '코미디 쓰는 비법'의 작가)

　유머를 위해 상당한 위험을 감수해야 할 때도 있다.

　우스꽝스러운 농담을 했을 때 사람들이 어떻게 반응할지
전혀 알 수가 없고, 상대방도 농담에 어떻게 반응하게 될지
예측할 수 없다. 힘든 시기를 겪고 있는 사람들을 대할 때는,
그 시기가 상처받기 쉬운 시기인 만큼 그 위험도는 더욱 높아
진다.

　유머는 이야기하고 소통할 수 있도록 도와주지만 동시에
쉽게 관계를 망가뜨리고 멀어지게 할 수도 있다. 기억에 남는
TV 광고는 30초 안에 그들의 메시지를 유머를 통해 전달한
다. 같은 30초 동안 특정 인종에 관련된 농담을 하는 광고는
모든 시청자를 화나게 할 것이다.

　타인을 비난하는 농담을 폄하 유머라고 한다. 타인을 평가
하고 그 사람을 짓밟아, 좋은 감정 대신 악감정을 만들어낸

다. 이는 닫힌 마음에서 비롯된다고 할 수 있다. 나는 당신보다 낫다는 식의 태도는 소통의 단절과 괴로움을 가져온다.

힘들어하는 사람을 비웃는 것은 분별력 없는 행동이다. 그런 유머는 고통을 증폭시키고 단절을 야기한다. 반면, 고통스러운 시기에 겪는 사람과 함께 웃음을 나누는 것은 다른 얘기이다. 관계를 원활히 하는 자애로운 행동이다. 유머에 대한 시도가 부드럽고 마음에서 우러나는 것이라면 절대로 실패하지 않을 것이다.

유머를 통해 무언가를 얻고 싶다면 기꺼이 위험을 감수할 준비가 되어 있어야 한다. 그 시도로 내 자신이 바보처럼 느껴지거나 당황스러울 수도 있고, 어떤 경우에는 역효과를 낳을 수도 있다.

하지만 시인 티 에스 엘리엇은 "더 많은 위험을 감수하는 사람이 더 많이 나아갈 수 있다."고 했다.

여러 가지 위험에 대한 걱정이 있어도 상황을 판단해 보고, 사정을 살피고, 적절한 분위기를 조성하면 위험을 줄일 수 있다.

또한 더 많은 위험을 감수해 볼수록, 다시 도전하기 쉽고 성공률도 높아진다.

위험을 줄이고 득을 보려면 아무리 효능이 좋은 약이라도 먹기 전에는 복용법을 읽고 그 설명을 따라야 한다. 유머도 다를 게 하나 없다.

– 적절한 분위기 조성하기

사람들을 비웃는 게 아니라 함께 웃음을 나누기 위해 적절한 분위기를 조성하고 농담해도 좋은 분위기라는 느낌을 줄 필요가 있다. 내 자신이 머리숱이 별로 없다며 농담을 하면서 말로 힌트를 줄 수도 있고, 말없이 넌지시 힌트를 줄 수도 있다.

아래의 이야기를 한번 읽어 보자.

몇 년 전, 한 남자가 광대 복장을 하고 병원에서 진찰을 도는 모습을 보게 되었다. 의사의 주요 업무는 성인 환자들을 기분 좋게 해주는 일이었다. 그때 그 의사가 환자들이 그의 우스꽝스러운 농담을 받아들이기에 괜찮은 기분인지 알기 위해 눈치를 살피는 모습을 보았다. 방문이 닫혀 있는가, 열려 있는가? 커튼이 드리워져 있는가? 그가 방으로 들어서려 할 때 웃었는가, 아니면 다시 책을 읽기 시작했는가? 직접 대화를 나누지 않고도 그는 누가 기분이 좋아질 준비가 되었는지 아닌지를 알 수 있었다.

하루는 이 의사가 2인실에 머무는 한 환자를 맡게 되었다. 그 환자를 맡은 후, 의사는 그녀가 웃고 기분이 좋아질 준비가 되었는지 알아내기 위해 그녀와 함께 머무는 환자에게서 조심스럽게 힌트를 찾아보기 시작했다. 의사가 초음파 피리를 불면서 머리를 커튼에 틀어박고 환자에게 "우리 지금 너무 시끄러운 건 아니겠죠?"라고 말했다.

무슨 일인지 궁금해진 그녀는 "아니에요. 근데 뭐하시는 거세요?" 하고 물었고, 의사는 그녀를 끌어들일 수 있는 때가 왔다고 생각했다. 의사는 그녀에게 꽃을 건네며 쾌유를 비는 카드를 크게 읽어주었다.

다른 사람의 입장을 잘 알 수가 없기 때문에 타인과 농담을 나눌 때는 적절하지 못한 상황이 있을 수 있다. 이런 유머의 위험을 줄일 수 있는 한 가지 방법은 적절한 분위기를 조성하는 것이다. 농담을 건네기 전에 앞서 그 사람이 어떤 사람이고, 어떤 것을 보고 웃는지, 뭐가 웃긴다고 생각하는지를 알아봐야 한다. 사소한 농담을 시도해 보고 반응을 지켜봐야 한다.

간호사인 페티 우튼 씨는 죽만 먹어야 하는 환자에게 식사를 갖다 주며 이를 시도해 보았다.

그녀는 "오늘 메뉴는 아무개 씨가 가장 좋아하는 음식을 대령했습니다. 아무것도 없는 죽!"

이는 의자에서 넘어져 바닥을 구르게 만들 큰 유머는 아니지만, 가끔 환자가 피식 웃거나 미소를 보이면 그녀는 좀 더 재미있는 말을 해도 된다는 걸 알 수 있었다.

다른 사람의 유머의 코드를 발견하게 되는데 있어 가장 중요한 역할을 하는 것은 상대방이 무슨 말을 하는지에 귀를 기울이는 것이다. 세계적으로 손꼽히는 회사 경영진들이 모인 국제회의에서, 한 미국인 임원이 일본인 임원에게 일본인들은 국제무역에 있어 어떤 언어가 가장 중요한 언어라고 생각하는지 물었다. 그 미국인은 그가 영어라고 대답할 것이라고 생각했다.

그러나 그 일본인 임원이 웃으며 대답했다.

"저의 고객이 사용하는 언어입니다."

우리는 다른 사람이 뭐라고 말하는지 듣고, 한 마디 한 마디가 무슨 의미인지 생각해 볼 필요가 있다.

세금이나 고장 난 자동차에 대한 농담을 하는 사람을 본 적이 있는가. 아마 이런 것들은 농담하기에 상대적으로 안전한 대상이다. 반면에 자신의 큰 코에 대해 농담을 하는 사람이 있는가? 아니면 결혼하지 않는 것에 대해 농담하는 친구가 있는가?

이런 사람들은 조심해야 한다. 농담을 하기에 괜찮을 수도 있지만 아닐 수도 있다. 상대방이 비록 자신에 대해 웃으며 농담을 할지라도 그 사람의 개인적인 부분에 대한 농담을 할 때는 더욱 조심해야 한다.

– 적절한 유머와 부적절한 유머

자신의 힘든 상황을 이겨내기 위해 유머를 사용하거나 혹은 다른 사람을 위해 유머를 사용하거나 유머에 있어 가장 중요한 규칙이 있는데 바로 AT&T 원칙이다. Appropriate-적절한 말, Timely-타이밍, Tasteful-재미. 이 세 박자가 맞아야 한다.

상황에 맞는 재매있는 말을 적절하게 했을 때와 그렇지 않았을 때의 경계점이 있다. 누군가를 불쾌하게 한 것이 다른 누군가를 즐겁게 할 수 있다.

앞서 말한 간호사, 페티는 같은 유머가 어떻게 어떤 경우엔 적절하게 되고, 어떤 경우 부적절하게 되는지 이야기해 주었다. 큰 흉터를 가진 병원 환자를 목욕시킨 적이 있었다. 그 여성 환자가 피식 웃었다.

페티가 환자를 쳐다보자 그녀는 "내 흉터가 샌프란시스코의 시장 거리 같네요. 그렇지 않아요?" 하고 물었다.

페티는 영문을 몰라 그녀에게 왜 그렇게 생각하느냐고 되물었다.

"그냥, 두 개의 봉우리에서 해안가까지 이어지잖아요."라고 그녀가 대답했다.

그 말에 둘은 한바탕 실컷 웃고 페티는 목욕을 계속해 주었다.

한 1년쯤 지난 후, 페티는 그 환자와 비슷한 흉터를 가진 여성 환자를 만나게 되었다.

이 환자를 재미있게 해줄 수 있겠다고 생각하며 "흉터가 샌프란시스코의 시장 거리 같네요."라고 말했다.

그리고 나서 페티가 왜인지 설명을 하자, 그 여성은 그 농담을 굉장히 모욕적으로 받아들였다.

비슷한 상황이라도, 첫 번째 유머는 당사자가 한 말이었지만 두 번째 것은 타인이 한 말이었던 것이다. 첫 번째 여성은 자신이 겪은 상처에 대해 농담을 할 만큼 편안하고 초월한 상태였지만, 두 번째 여성은 그렇지 않았다. 다시 말해, 사람들이 하는 말에 귀를 기울일 필요가 있다. 그러고 나서 같은 것에 대해 농담을 시작하고 계속해도 좋을지를 생각해 보자.

– 유머: 조심스럽게 다가가라

농담을 꺼낼 때 조심해야 할 부분이 있다. 어떤 경우에는 역효과를 일으키기도 한다.

예를 들어 라디오 DJ가 하루는 방송 중에 실수로 레코드플레이어를 두드리는 바람에 바늘에 레코드판이 긁히는 소리가 방송되어 버렸다.

실수를 무마하기 위해 그는 바로 마이크를 잡고 소리쳤다.

"대체 밖에 어느 청취자 분이 라디오를 내리쳐서 제 레코드판을 튀게 한 거죠?"

그의 황당한 소리에 실제로 여러 사람이 방송국에 전화해 사과를 했다고 한다.

몇 년 전, 직장을 구하면서 초반에 지방에 있는 백화점의 한 지점에서 쇼윈도의 진열대 디자인을 맡은 적이 있다. 크리스마스 시즌에 각 쇼윈도에 큰 진열대를 넣고 그 진열대에 상품을 채웠다. 일이 늦어지고 있었고 쉽게 끝이 날 것 같지 않았다. 스트레스를 받고 있는 동료들을 보며 소소한 농담을 하기에 딱 적절한 순간이다 싶었다.

나는 진열대 하나에 올라가 다리를 꼬고 앉았다. 누군가 쇼윈도를 지나갈 때, 두 명의 동료들이 진열장의 두 개의 문을 열면 나는 고개 숙여 인사를 했다. 그러면 다른 동료는 문을 닫고 마치 아무 일도 없었다는 듯이, 하던 일을 계속했다. 장난을 몇 번쯤 했을 때, 다시 진열장의 문이 열리고 다시 한 번 천천히 고개 숙여 인사를 했다. 고개를 들었을 때, 쇼윈도를 뚫어져라 바라보며 엄격히 고개를 좌우로 흔들고 있는 상사와 눈이 마주쳤다. 해고를 당하진 않았지만 그것이 나의 처음이자 마지막 쇼윈도 퍼포먼스였다.

농담은 유머의 일부에 불과하다.

유머의 주요 원천인 농담을 할 때 조심해야 하는 2가지 이유가 있다. 첫 번째 이유는 대부분의 사람들은 농담을 제대로 잘하지 못하고, 두 번째 이유는 농담은 상대방을 불쾌하게 하기 쉽기 때문이다.

어떤 농담은 조롱하고, 괴롭히고, 모욕을 주고 비하하기도 한다.

예를 들어 무례한 농담은 상대방을 당황스럽게 하고, 지저분한 농담은 듣기 불쾌하다. 특정집단에 대한 농담은 고정관념을 일으킨다. 농담을 하기 전에는 듣는 사람이 어떤 사람인지 알 필요가 있다.

예를 들어, 당신이 한 특정 집단에 속한다면, 그 집단을 잘 아는 사람에게 그에 대한 농담을 해도 괜찮을 것이다. 만약 그 집단의 일부가 아니라면 아마 이야기는 달라질 것이다.

적당한 농담은 우리 대부분이 가지지 못한, 타고난 재능과 타이밍, 많은 연습, 이 세 가지 모두가 있어야 가능하다. 이에 대해 좀 더 정확히 짚어 보자.

오랜 기간 동안 감옥에서 함께 생활을 해오던 한 재소자 그룹은 똑같은 농담만 반복하는 대신에 농담 하나하나에 번호를 붙여 어떤 농담을 하고 싶을 때에는 그 번호를 외치기로 했다.

어느 날 한 재소자가 "9"를 외쳤다.

모두 신경질을 냈다.

다른 재소자가 뒤이어 "6"을 외쳤고 교도소 전체가 웃음으로 떠나갈 듯했다.

세 번째 재소자가 "4"를 외쳤는데 아무 일도 일어나지 않고 쥐죽은 듯 조용했다.

그가 교도소 동료에게 다른 사람들이 번호를 외쳤을 땐 모두가 웃었는데, 자신이 번호를 외쳤을 땐 왜 아무도 웃지 않는지 물어 보았다.

그의 동료가 "어떤 사람들은 농담을 어떻게 하는지 잘 모를 뿐입니다."라고 대답했다.

불쾌감을 줄 만한 농담을 피하고 꾸준히 연습함으로써 농담의 위험을 줄일 수 있다. 가능한 많은 사람들에게 한 주에 한 가지 농담을 하다 보면, 그 주에 적어도 농담 하나는 알게 되는 것이다. 한 달에 4가지 농담, 1년에 54가지 농담을 알게 되는 것이다.

다음의 2부부터는 당신의 삶과 힘든 상황에 유머를 더할 수 있는 농담과 관련 없는 많은 방법들을 이야기해 보겠다.

제2부

울고 싶은 순간, 힘든 시기를 극복하는 방법

이 책이 다이어트 책이라면 "2주면 충분합니다."라고 제목을 붙였을 것이다. 뒤에 나올 14가지 방법을 매일매일 하나씩 실천해 본다면, 2주가 끝날 무렵이면 당신 안의 상당한 양의 침울함을 걷어낼 수 있기 때문이다.

책을 읽을수록 또 소개될 각각의 기술을 실천할수록, 당신의 삶과 상실에 유머를 더하는 자신만의 방법을 찾게 될 것이다. 물론 이 외에도 여러 가지 제안과 가능성들이 있다. 그러나 지금 이 책에서 읽게 될 내용은 분명 힘든 상황을 다른 시각에서 볼 수 있도록 도와줄 것이다.

이런 아이디어들을 실험해 볼 때마다 여유를 갖고 인내심 있게 행동해야 한다. 변화는 어려운 것이고 시간이 걸리는 일이다. 하룻밤 사이에 일어나는 일이 절대 아니다.

책에서 소개되는 모든 방법들은 유머를 실천할 독자들에게 맞추어 구성되어 있다. 어떤 방법은 다른 방법과 관련되어 있어 모든 단락은 일정한 순서로 연결된다. 당신이 유머 연습용으로 어떤 방법을 선택했는지는 별로 중요하지 않다. 중요한 것은 매일 의도적으로 이 방법들을 의식해야 한다는 것이다.

14가지 방법을 아침에 비타민제를 먹는 것과 같이 생각해 보자. 비타민 H(Humor)는 유머를 위한 것이다. 매일 하루 복용량만큼 복용했는지 확인해야 한다.

1

상황 대처하기

벼랑 끝에 몰리게 되면, 줄을 만들어 매달리자. 그리고 흔들어라.

―리오 버스카글리아(Leo Buscaglia)

　직업과 사회생활 혹은 일상 속에는 늘 어려움이 있기 마련이다. 그 어려움 앞에서도 웃는 법을 배우자. 여러 곤란한 상황들은 당신이 초래한 일이고, 자신의 일부인 것이다.

　당신이 제빵사라면 가끔 케이크를 태우기도 할 것이다. 주부라면 가끔 접시를 깨트리기도 할 것이다.

　슈퍼마켓의 직원이라면 물건을 다 담았을 때 봉투가 찢어지기도 할 것이다. 이때를 위해 "이건 다른 봉투들하곤 좀 다르네요. 집에 다 갔을 때쯤 찢어졌어야 하는데……."

　이런 멘트를 준비해야 한다.

　우리는 하루 24시간, 1년 365일, 평생 아무런 문제없이 세상이 잘 돌아갈 것이라고 확신할 수 없다. 이런 힘든 시기를 미리 대비하고, 수월히 넘길 수 있도록 무언가를 준비해야 한다.

대부분의 사람들은 허를 찌르는 농담에 폭소를 터뜨린다. 하지만 허를 찌르는 상황에서는 거의 웃지 않는다. 하지만 막상 삶과 농담의 구조는 유사하다. 사람들은 살아가면서 모두 한 방향을 향해 가고 있다고 생각한다. 농담의 전개가 시작됨을 의미한다. 그리고는 운명을 만난다. 여기서 운명은 허를 찌르는 농담이다. 그 후, 우리는 전혀 다른 길을 가게 된다.

"코끼리가 마구 긁지 못하게 하려면 어떻게 해야 할까요?" 라는 질문에 답을 해보자.

코끼리를 공격적인 거대한 동물에서 완전히 다르게 뒤집어 생각해 보면 "코끼리한테서 신용카드 뺏기." 같은 답변이 나올 수 있는 것이다.

주어진 상황에서 눈을 떼는 법을 배우자. 그러면 적어도 문제가 생겼을 때, 당신만의 허를 찌르는 한 방으로 상황을 대처할 준비가 될 것이다.

일상생활 속에서 일어날 만한 예를 들어 보자.

상사에게 한 주 동안 5번이나 예산 제안서를 퇴짜 맞는 경우가 생길 수 있다. 예산안을 반복해서 수정하느라 쓸데없이 소비한 시간을 생각하면 짜증이 날 것이다. 자신감도 조금 잃었다. 이런 상황을 어떻게 대처할 수 있을까?

한 여직원에게 허를 찌르는 개그가 떠올랐다. 그녀는 거절받은 예산안을 가지고 복사기로 가, 우표만한 크기로 축소하여 복사를 했다. 그리고 상사에게 예산안 복사한 것을 내밀며 말했다.

"예산을 줄였습니다."

하루하루 무슨 일이 생길지 모두 예상하기는 불가능하지만, 직업적 환경이나 상황은 고정적이기 때문에 쉽게 예상할 수 있는 일들이 많다. 이런 상황들을 미리 예상한다면 센스 있는 농담을 할 준비가 된 것이다.

한 남자의 이야기를 예로 들어 보자.

매년 그가 가족과 여름휴가를 떠날 때마다, 동네를 8km쯤 벗어날 무렵이면 부인이 다리미 코드를 안 뽑고 왔다고 소리치곤 했다. 그때마다 집으로 돌아가 확인해 보면 다리미코드는 항상 멀쩡히 뽑혀져 있었다. 하지만 그 해는 달랐다. 남편은 미리 모든 걸 예상했다. 부인이 다리미를 그대로 두고 온 게 방금 생각났다며 당장 집에 가야 한다고 흥분해서 소리치자, 그는 차를 세우고 의자 밑에서 다리미를 꺼내 아내에게 건네주었다.

자신이 간호사라면 언젠간 의사의 질책을 받을 상황이 생길 것을 예상할 수 있다. 이런 상황을 누그러뜨리기 위해 한 간호사는 간호사들끼리 어떤 대책을 세워야 할지 알려주었다. 누구라도 간호사가 의사에게 꾸지람을 듣는 모습을 보면, "간호사 호출"을 전달하고 조용히 그 간호사와 의사 주변을 에워쌀 것이라는 규칙이 만들어졌다.

당신이 운전을 한다면 언젠가 경찰관에 의해 차를 멈출 일이 있을 것이다. 준비되셨나요? 여기 준비된 사람이 있었다. 경찰관이 운전면허증을 요구하자 한 여자는 경찰관에게 모노

폴리게임의 오렌지색 카드와 함께 운전면허증을 건네주었다. '감옥탈출카드' 라고 쓰인 카드였다.

물론 여러 가지 상황을 모두 예측할 수는 없고, 거기에 허를 찌르는 대처를 하기 위해 굳이 모든 상황을 예측하려고 할 필요는 없다. 위기와 실패는 숨을 고르고 앞으로 닥칠 험난한 상황에 대한 유연한 대처 방법을 고안해 낼 시간, 폭풍 직후의 고요함 같은 여유를 준다.

전문적으로 강연을 하는 사람으로서 나도 내 강연이 항상 완벽하지 않다는 걸 알고 있다. 동시에 내가 통제하기 힘들거나 통제가 전혀 불가능한 상황이 발생해도 유머로 유연성 있게 대처할 수 있다는 것도 잘 알고 있다.

한번은 한참 강연을 하고 있는데 정전이 된 적이 있었다. 나는 계속 이야기를 이어갔고 청중들에게 이제 냉소적인 유머인 "블랙 유머"를 얘기할 시간이 된 듯하다고 했다. 다른 강연에서는 시작한 지 얼마 안 됐을 무렵, "이번 주의 농담은……."이라고 말을 꺼내기 무섭게 화재경보기가 울려댔다. 처음에는 다들 내가 짜놓은 각본이라고 생각하고 웃었다. 심지어 나도 누군가가 내 말에 장난을 치는구나 하고 생각했다. 이내 경보음이 각본도 장난도 아니란 걸 알아차리고 모두에게 출구로 나가라고 알렸다. 나는 이 상황에 맞는 기막힌 농담을 생각해 보았다. 화재 경보가 오작동했다는 사실을 알고 모두 자리로 돌아왔다. 다시 강연을 시작하면서 유머는 이렇게 화재경보기를 울릴 만큼 화끈한 것이라고 말했다.

마이클 맥킨리라는 전문 연사는 밖에 거친 폭풍우가 몰아치는 가운데 연설을 한 적이 있다. 갑자기 문으로 물이 새어 들어오기 시작했다. 그는 재빨리 머리를 굴려, 사람들을 진정시키고 재앙적인 상황을 웃음바다로 만들었다.

그는 "여러분! 여러분! 30분 안에 구조대가 와서 로비에서 수영 레슨을 할 예정입니다. 걱정 마십시오!" 하고 말했다.

그리고 연설이 끝날 무렵 "오늘밤 이렇게 여러분과 함께 이야기할 수 있어서 너무 즐거웠습니다. 노아의 방주는 2~3분 안에 바로 출발할 예정입니다."

TV와 라디오 프로그램 진행자인 아트 링크레터는 그의 저서, '세상에 이런 일이!(Oops! Or Life's Awful Moments)'에서 많은 사람이 있는 자리에서 발생한 난감한 상황에서 어떻게 유머를 발휘했는지 이야기했다.

전 세계로 방영되는 에미상 시상식을 위해 모인 수많은 사람들 앞에서 이야기를 하고 있을 때였다.

"신사 숙녀 여러분. 안녕하십니까?"라고 말을 하자마자 주전기 공급전원이 폭발했다. 어둠으로 깜깜해진 가운데, 그는 말했다.

"무대담당자분들이 달리기 시작했습니다. 그리스풍의 무대를 철거합니다. 벽, 기둥, 화려했던 외관들이 오케스트라석으로 굴러 떨어졌습니다. 현악단 전체가 거대한 기둥에 깔렸습니다."

잠시 생각할 시간을 가진 뒤, 불이 들어왔을 때 링크레터가 사고현장을 살핀 뒤, "신사 숙녀 여러분, 앙코르 공연을 위해서 루실 연회장에 불을 지르겠습니다."

우리의 불행이 수백 명의 사람들 앞에서 일어나지는 않겠지만, 어떤 상황에서든 해결책은 같다. 작은 불행에 농담을 던질 준비가 되어 있어야 살아남을 수 있다. 책상에 물을 쏟았다거나 차에 키를 두고 내렸다거나, 시장을 보고 오는 길에 장바구니를 떨어뜨린 일 등의 상황을 위해 링크레터는 한마디 한다.

"신사 숙녀 여러분, 앙코르 공연을 위해 다시 한 번……."

최근 항공사 직원들도 비행 중 어쩔 수 없이 발생하는 긴급 상황이나 문제가 생기면 긴장을 완화시키기 위해 다소 준비된 듯한 유머러스한 멘트를 사용하는 듯하다.

한번은 어렵게 겨우 착륙을 마친 조종사가 사과하며 이렇게 말했다.

"제가 막 착륙을 하려는 순간, 활주로에 너무 작고 귀여운 토끼가 지나갔습니다. 그로 인해 약간의 흔들림이 있었는데요, 설마 제가 토끼를 그냥 밟고 지나가길 원하신 건 아니겠죠?"

한 항공 승무원은 불만이 가득한 승객을 안정시키기 위해 한마디 했다.

"연방정부의 규정에 의하면 승객 여러분의 모든 짐은 좌석 아래에 내려놓으시거나 머리 위 선반에 올려 두셔야 합니다."

수년간 뉴욕 메트로폴리탄 오페라단 단장을 지낸 루돌프

빙은 노동조합과 협상하기를 꺼려했다. 그는 협상은 분노와 대립으로 가득 차 있다고 생각했다. 한 차례 협상에서 그는 미리 준비한 대로, 노동조합 측 변호인 쪽으로 몸을 기울며 물었다.

"정말로 죄송합니다. 무슨 말씀이신지 모르겠는데요. 다시 한 번 크게 소리쳐 주시겠습니까?"

많은 사람들은 습관적으로 열쇠나 지갑, 우산 같은 소지품들을 잃어버리곤 한다. 만약 당신이 물건을 자주 잃어버리는 경향이 있다면, 그때를 위해 작은 유머를 한번 준비해 보자. 이런 유머는 상실감을 채워줄 뿐만 아니라 실제로 잃어버린 물건을 되찾아주는 경우도 있다.

'웃음을 찾는 사람들의 소식지(Laugh Lovers News)'의 편집자이자 출판사, '사캐스틱 애나니머스'의 설립자인 버지니아 투퍼 박사는 안경집에 남긴 작은 메모로 잃어버린 안경을 몇 번이나 되찾은 적이 있다.

만약 이 안경을 가지고 계시다면 저한테 없다는 말이군요. 이 안경은 안경 없이 집으로 운전하며 돌아갈, 마음씨 좋고 조그마한 한 할머니의 잃어버린 안경입니다. 지금 이 근처 어딘가에, 당신이 사랑하는 사람들 사이에 있을 겁니다. 아래 전화번호로 전화를 걸어주세요. 당신과 당신 주변 100마일 안에 있는 모든 이에게 큰 호의를 베풀어주세요.

‘웃기고 웃긴 세상(Funny Funny World)’에서 롱아일랜드 지역으로 출퇴근하는 한 남자의 사연이 소개된 적이 있다. 그는 항상 열차와 식당에 우산을 두고 오는 버릇이 있었다. 보다 못한 아내가 그의 우산에 메모를 붙이기 시작했다.

"우산을 발견하셨다면, 돌려주시지 않으셔도 됩니다. 이 우산을 가지고 대신, 새 우산을 살 수 있도록 3천원만 보내주시기 바랍니다."

6개월 뒤, 아내는 우산을 주웠던 사람들로부터 각 3천 원씩 총 4만 5천원을 받았다.

충분히 일어날 법한 난관이나 상실에 준비된 유머는 심리학적 보험과도 같다. 영원히 필요하지 않을지 몰라도, 필요할 때 분명히 해두길 잘했다고 생각하게 될 것이다.

웃음 배우기 실전 연습

어떤 날은 더 나은 날이 있고 어떤 날은 유난히 더 힘든 날이 있다. 보이 스카우트에서 늘 말하듯이, ‘준비하라!’ 삶의 여러 가지 상황을 미리 생각해 보고 유머로 맞닥뜨릴 준비를 하는 것이다. 그다지 좋지 않은 상황에 놓였을 때, 재미있으면서도 자연스러운 허를 찌를 농담을 준비해 보자. 유머를 여러 가지 상황에 따라 자신에게 반복해서 거는 주문이라고 생각해 보자. 직접 생각해 보기도 하고, 수천 명에게 이미 많은 도움을 주었던 고전적인 멘트를 사용해 볼 수도 있다.

"성장하고 배울 수 있는 좋은 기회야!"
"더 안 좋았을 수도 있었어. 임신을 했었을 수도 있었어."
"이게 아니면, 다른 걸 해보면 되지."
"다시 가져가세요. 이건 제가 주문한 게 아닌걸요."
"난 그냥 차라리 춤출래, 스키 타러 갈래, 조깅할래." 등등.
"저한테 묻지 마세요. 전 그냥 여기서 일하는 사람이에요."
"또 시작이군."
"난 비참해질 시간도 없어. 할 일이 태산이야."
"현실에 위협 당하진 않을 거야."

2

유머 호신술

극작가 조지 버나드 쇼가 윈스턴 처칠에게 편지를 쓴 적이 있다.

처칠 씨께
목요일 밤에 첫 공연을 하는 저의 이번 새 연극 티켓 두 장을 동봉해 드립니다. 함께 오실 친구가 있다면, 그 친구와 함께 관람하러 오시기 바랍니다.

답장 드립니다
죄송합니다. 선약이 있어서 첫 공연에 참석할 수 없을 것 같습니다. 두 번째 공연을 하게 되신다면, 그때 한번 가보지요.

유머는 힘든 상황을 받아들이고 그 상황을 자신에게 유리하도록 만들 수 있다. 상황을 반전시킴으로써 유머는 힘을 내서 어려움을 되받아쳐 역전을 가능하게 한다. 나는 이를 유머 호신술이라고 부른다.

유머 프로젝트의 전도사인 조엘 굿맨은 유머 호신술을 합기도 유머라고도 부른다. 그는 한 텔레비전 프로그램에서 유머 호신술에 대해 이야기한 적이 있다. 그는 배우 이브 아덴이 어느 연극 마지막 공연에서 난감함을 농담으로 대처한 일화를 예로 들었다. 아덴과 함께 공연을 하던 조연자가 음향 스태프에게 아덴의 독백 장면 도중 대본에 없는 전화벨을 울려 달라고 부탁했다. 전화가 울리자, 아덴은 전화를 받고 잠시 서 있다가 상대 남자 주연배우에게 전화기를 건네며 말했다.

"당신 전화예요."

굿맨은 그의 계간지 '웃음거리(Laghing matter)'에서 경찰서장으로 승진한 경찰관의 유머 호신술 일화를 소개했다.

기자는 인터뷰에서 경찰에게 골탕 먹이기 위한 교묘한 농담을 던졌다.

"속도위반 차량을 추격중이라고 상상해 봅시다. 도주 차량이 속도를 내서 교차로를 통과했는데 갑자기 어마어마하게 큰 전함이 교차로로 나타나 길을 막았습니다. 어떻게 하시겠습니까?"

그는 "물론 침몰시켜야죠!" 하고 대답했다.

인터뷰 기자가 그 말을 듣고, "그럼 어떻게 침몰을 시키시겠습니까?" 하고 되물었다.

경찰관은 재빨리 "제 잠수함으로 침몰시키죠." 하고 대답했다.

기자는 놀라며 "어디서 그 잠수함을 가져오시게요?" 하고 다시 캐물었다.

이 순간, 경찰관은 마지막 비장의 카드를 꺼내들며 "당신이 전함을 가져온 그곳에서 가져오겠습니다." 하고 대답했다.

윈스턴 처칠은 언어 격투기의 달인이었다.

한번은 처칠과 아스트로 여사가 의회에서 여성의 역할에 대해 이야기를 나누었다. 아스트로 여사는 완강히 찬성하지만 처칠은 반대하는 입장이었다.

대화를 하면서 답답함을 느낀 아스트로 여사가 분노에 가득 차 말했다.

"윈스턴 씨, 당신이 내 남편이라면, 당신이 마실 커피에 독을 탔을 거예요."

처칠이 대답했다.

"부인, 만약 내가 당신 남편이었다면 그 커피를 마셨겠죠."

처칠 총리 임기 마지막 해, 그가 한 공식석상에 참가했을 때의 일이다. 처칠은 뒤에서 두 남자들의 대화를 듣게 되었다.

"저 사람이 윈스턴 처칠이라네. 사람들이 그러는데 이제는 노망이 났다고 난리더군. 총리직에서 물러나고 더 유능하고 진취적인 인재에게 국가 통치를 넘겨줘야 한다고들 하더군."

행사가 끝나고 나서 처칠은 뒤로 돌아서 말했다.

"여러분, 사람들은 처칠이 귀머거리라고들 하더군요."

미국의 여러 대통령들도 유머 호신술에 있어서 뛰어난 순발력을 가지고 있었다. 그중의 한 명은 레이건 대통령이었다.

대통령직에 두 번째 시도하는 동안 그의 나이에 대한 여러 가지 비평이 쏟아지자 그는 이런 말을 했다.

"앤드류 잭슨은 대통령직에서 물러나며 백악관을 떠날 때 75세였고 매우 정정했습니다. 앤드류 전 대통령으로부터 직접 그 이야기를 들었습니다."

또 한 번은 "선거운동에서 나이 이야기는 하지 않을 것입니다. 정치적인 목적으로 다른 후보자들의 젊음과 미숙함을 헐뜯고 싶지는 않습니다." 하고 말했다.

격투기와 마찬가지로 유머는 불쾌한 상황을 반전시키거나, 공격을 받아치고, 상대방에게 한 방 먹일 수 있다. 험상궂게 생긴 두 남자가 한 해병대 군인에게 돈을 요구했다. 그 해병은 위기에서 벗어나기 위해 신입 해병대 가입의 홍보 문구를 이용했다.

"동지여, 오늘은 당신 생애 행운의 날이 될 것입니다. 해병대는 당신과 같이 확고하고 건장한 남자를 찾고 있습니다. 나라를 위해 한 몸 바쳐보지 않겠습니까?"

폭력배들은 바로 뒤돌아 줄행랑을 쳤다.

늘 원고 출판 거절 메일을 받는데 지겨워진 한 작가는 그 출판사에 다시 이메일을 보냈다.

"당신의 거절 메일은 당사의 목적과 취지에 결부되지 않는다고 알리게 되어 죄송스럽게 생각합니다."

한 광고 홍보 회사의 사장인 로버트 파머 씨는 불쾌해질 수 있던 상황을 유머로 전환시켰다.

회사 위치를 옮기고자 새로운 빌딩을 구입했는데, 빌딩의 양쪽에 페인트 회사가 있었다.

그 페인트 회사에서는 빌딩 앞 공간을 주차공간과 자동차 출발 장소로 사용하고 있었다. 페인트 회사에 그 공간을 사용하지 말아달라고 부탁을 했지만 전혀 아랑곳하지 않았다. 파머 씨는 7개의 상록수나무가 심어진 큰 콘크리트 화분으로 길을 막아버렸다.

물론 교통 혼잡이 없어졌지만 서로에 대한 반감은 더욱 심해졌다.

화분을 갖다 둔 지 얼마 되지 않아, 파머 씨는 상록수나무가 시들어가고 있다는 사실을 알아차렸다. 자세히 살펴보니, 화분 속의 흙에서 가솔린 냄새가 났다. 합법적이고 당위적으로 복수를 할 수 있는 방안을 모색해 본 결과, 이 상황을 유머로 대처해야겠다고 결론지었다.

그는 페인트 회사에 편지를 썼다.

"저희 화분에 가솔린을 부은 직원에게 무연 휘발유를 사용하라고 말씀해 주십시오. 그래야 조금이나마 움직이지 않을까요?"

그리고는 화분에 "무연 휘발유용"이라고 조그맣게 메모를 붙여 놓았다.

정말로 힘든 상황을 생각해 보자. 상사가 당신의 사적인 편지를 뜯어서 읽고 있다고 가정해 보자. 유머 호신술로 어떻게 대응하겠는가?

커뮤니케이션 전문가이자 유머작가인 밥 로스는 그가 일했던 직장에서 생긴 한 일화를 이야기해 주었다.

그는 그 상황에 대응하기 위해 다른 직장 동료들에게 "사적이고 긴밀한 편지"라고 적힌 아리송한 편지를 보냈다.

편지에는 "일이 끝나면 다리 밑에서 만납시다. 돈과 계획은 준비되었습니다."와 같이 스파이 행위를 하는 듯한 의심스러운 내용을 담았다. 가짜 이름으로 편지에 서명을 한 후, 상사가 그 가짜 편지를 열어서 읽어 보는 모습을 보며 고소해 했다고 한다.

광고 홍보계의 천재로 불리는 짐 모런이 페르시안 카펫을 홍보하고 있었다.

그는 엄청나게 큰 낙타를 끌고 아랍인 의상을 입고 나왔다.

한참 이야기를 진행하고 있는데 낙타가 리놀륨 바닥 전체에 소변을 보기 시작했다. 낙타는 방광에 많은 양의 소변을 저장하기 때문에 방광이 비워지기까지 꽤 오랜 시간이 걸린다. 말이나 코끼리보다도 훨씬 오래 걸린다고 한다.

어쨌든 청중들에게서 야유가 쏟아지기 시작했고, 짐 모런과 나의 대화도 중단되었다. 낙타는 5분가량 소변을 배출했다. 낙타가 시원하게 소변을 보는 시간이 길어질수록 청취자들은 더 웃기 시작했다.

무대 담당자들은 청중들에게까지 쏟아질 것 같은 소변을 치우기 위해 양동이와 대걸레를 가지고 나왔다.

상황이 정리가 되고 난 후, 어두운, 갈색이었던 리놀륨 바닥이 왁스 처리한 것처럼 밝아졌다. 바닥은 연한 노란색으로 밝아져 있었다.

한층 깨끗해진 바닥을 보고 문득 웃기는 생각이 떠올라 말했다.

"주부 여러분, 주방 바닥을 티끌 한 점 없이 깨끗이 하고 싶으십니까?"

바로 길고 큰 웃음이 터졌다.

유머가 어떻게 힘든 상황을 전환시키는지에 대한 또 하나의 오래된 이야기이다.

한 달변가 랍비가 살고 있었다. 그가 가는 곳은 그의 연설을 듣기 위한 사람들로 항상 난리법석이었다. 그가 방문을 할 때면 여자들은 꽃을 한아름 선물하고, 장사꾼들도 그에게 각

양각색의 선물을 주기 바빴다.

하루는 랍비의 충직한 썰매 운전자가 말했다.

"단 한 번만이라도 당신이 받는 모든 영예와 관심을 온몸에 받아보고 싶습니다. 딱 오늘밤만 부탁드립니다. 저와 옷을 바꿔 입어주십시오. 당신은 썰매 기사 행세를 하고, 제가 랍비 행세를 해보겠습니다."

랍비는 흔쾌히 승낙하면서 말했다.

"옷이 사람을 만드는 것이 아니라는 것을 명심하게나. 혹시 탈무드에 대한 어려운 문제에 대해 누군가 묻거든, 웃음거리가 되지 말게나."

두 사람은 옷을 바꿔 입고 변장을 했다. 두 남자가 다음 도시에 도착했을 때, 가짜 랍비는 온갖 열광적인 지지를 받았고 그 지지를 맘껏 즐겼다. 게다가 썰매를 끌고 랍비와 다니며 랍비의 연설을 수백 번이나 들어왔기에 랍비의 연설도 완벽히 소화해 내었다.

이윽고 긴장되는 질의응답 시간이 되었다. 한 나이 든 학자가 일어나 상당히 어렵고 난해한 질문을 했다. 뒤에서 지켜보던 진짜 랍비는 '이제 웃음거리가 되겠군.' 하고 생각했다.

그러나 썰매 기사는 용케 한 방을 날렸다.

"당신은 심오한 학자는 못 되겠습니다. 그 질문은 저의 썰매를 모는 늙고 배운 것 없는 양반도 대답할 만큼 간단합니다. 기사 양반, 이리 앞으로 나와서 이 불쌍한 학자에게 한마디 해주시겠소?"

웃음 배우기 실전 연습

　이 농담 호신술 연습은 당황스러운 상황에 웃을 수 있게 만들어줄 것이다. 가장 기본적인 농담의 기술이 있다. 좋은 소식과 나쁜 소식 방법을 이용하는 것이다. 분명 이런 말을 들어본 적이 몇 번 있을 것이다.

　예를 들어 보겠다.

　"좋은 소식은 당신의 아내가 1억 원짜리 사진을 발견했다는 것입니다. 나쁜 소식은 그 사진이 당신과 당신 비서의 사진이라는 것입니다."

　좋은 소식, 나쁜 소식의 공식을 살짝 바꾸어 문제를 긍정적으로 생각해 보자. 나쁜 소식을 먼저 말하고 그 소식을 좋게 바꾸어 말해 보자.

　"나쁜 소식은 주말에 홍수로 창고에 물이 찼다는 것입니다. 좋은 소식은 그 물에서 직원들이 수영을 할 수 있다는 거죠."

　"나쁜 소식은 서류가방이 비행기에서 나오면서 부서졌다는 것입니다. 좋은 소식은 수하물 중에 가장 처음에 나왔다는 것입니다."

"나쁜 소식은 남편이 가장 친한 친구와 도망을 갔다는 겁니다. 좋은 소식은 이제 크리스마스 선물을 사줄 사람이 2명이나 적어졌다는 거죠."

3

과장하라

지난번 묵었던 호텔은 그렇게 작은 편은 아니었다.
그저 호텔 쥐들의 등이 다 구부러져 있었을 뿐이었다.

−프레드 앨런(Fred Allen)

과장은 고통스러운 시기에 웃게 만들어주는 가장 간단한 방법 중 하나이다. 덜 상처받기 위해 고난과 시련을 재구성하는 기술이다. 우리 앞에 닥친 불운에 눈이 멀어 자신의 문제 외에 아무것도 보이지 않을 때, 가끔씩 그 상황을 지나치게 극적으로 부풀려 묘사해 보는 것은 상황의 부조리함을 보여준다.

과장은 어려운 시기에 새로운 관점을 제시해 주는 유용한 도구로써, 자극 요법과 논리 정동 요법과 같은 정신 치료의 효과적인 방법이다.

앨런 페이 박사는 그의 저서 '상황을 악화시켜 극복하기 (Making Things Better by Making Them Worse)'에서 자신의 문제를 과장함으로써 극복할 수 있다는 것을 보여준다. 그는 우리가 문제에서 빠져나오려고 하면 할수록 더욱 힘들어진다고 한다.

반면, 과장 기법은 상황의 모순을 발견하고 새로운 시각을 갖고 웃으며 마음을 내려놓게 한다고 말한다. 페이는 과장이라는 도구를 사용해 남편과의 성공적인 커뮤니케이션을 끌어낸 한 아내의 일화를 이야기했다.

뉴욕에 사는 한 결혼한 청년이 있었다. 그의 누나는 캘리포니아에 살고 있었는데 종종 동생을 이용하는 경우가 있었다. 누나는 넉넉하게 살고 동생은 그렇지 못함에도 불구하고, 누나는 동생에게 장거리 전화를 해서 그가 부재중일 때는 다시 전화를 걸어달라고 하곤 했다. 그리고 그가 전화를 하면 오랫동안 통화를 하고 어마어마한 전화요금은 늘 그의 몫이었다. 동생의 아내는 화가 나서 남편에게 누나한테 당하지 말라고 몇 번이고 잔소리를 했다. 그는 괜찮다며 방어적인 태도를 취하고 결국 대화는 늘 싸움으로 끝이 나곤 했다.

한번은 그가 집에 왔을 때, 아내가 말했다.

"오늘 당신 누나한테 전화가 왔었어요. 전화 좀 해달라고 하네요."

남편이 전화를 막 걸려고 하자 아내가 말을 이었다.

"굳이 전화할 필요 없지 않아요? 그냥 직접 캘리포니아에 가서 정말 착한 남동생이 되는 게 낫지 않나요? 공항까지 태워다주면, 오늘 밤늦게는 캘리포니아에 도착할 수 있겠네요."

남편은 웃으며, "누나가 다시 전화를 걸 때까지 기다릴게요."라고 말했다.

어느 날, 상점에서 한 손님이 9,950원짜리 물건을 사면서 10만 원짜리 수표를 내는 것을 보았다. 점원은 손님에게 지금 막 가게를 열어서 잔돈이 없다고 사과하며, 건너편 은행에 가서 잔돈으로 바꿔 오시면 어떻겠냐고 물었다. 그러자 그 손님은 그렇게는 못 하겠다며, 점원에게 직접 가서 바꿔 오라며 큰 소리를 쳤다. 점원이 가게를 비워둘 수가 없다고 말하자 손님은 그 점원에게 한바탕 막말을 쏟아 부었다. 결국 그 손님이 뛰쳐나가 버렸다. 난감해하며 눈물까지 그렁그렁 맺힌 점원을 보며 850원짜리 물건 값을 지불하려는 순간, 나는 계산대로 올라가 지갑을 열며 소리쳤다.

"세상에, 전 100만 원짜리 수표밖에 없어요!"

점원은 웃으며 진정을 되찾았다.

아래 이야기는 과장이 어떤 상황이든 문제를 개선시키는데 도움이 된다는 교훈을 담고 있다.

이 이야기는 집안이 너무 북적댄다고 한탄하며 랍비를 찾아온 한 남자의 이야기이다.

"랍비, 저의 집이 너무 좁습니다. 제 아내와 아이들 그리고 처가식구들까지 한 방에 살고 있습니다. 움직이기만 하면 이리저리 부딪치고 매일같이 서로에게 고함을 치게 됩니다. 어떻게 해야 좋을지 모르겠습니다." 하고 남자가 말했다.

랍비는 그에게 소를 가지고 있느냐고 물었다. 남자가 소가 있다고 하자 랍비는 그에게 소를 집 안으로 들여 보라고 했다.

남자는 당혹했지만, 랍비의 말대로 실행했다. 그리고 1주 후에 돌아와 상황이 더욱 악화되었다고 말했다.

그러자 랍비가 그러면 염소 2마리도 집 안으로 들여보내라고 조언했다.

남자는 이번에도 랍비의 조언을 따랐지만, 돌아와 상황이 더 악화되었다고 한탄했다.

랍비는 또 그에게 무슨 동물을 가지고 있느냐고 물었다.

남자가 개와 닭 몇 마리를 가지고 있다고 하자 랍비는 그것들을 모두 집 안으로 들이고 1주 후에 보자고 했다. 어리둥절해 하며 남자는 집으로 돌아가 랍비의 조언대로 했다.

이번에 남자는 괴성을 지르며 돌아왔다.

"도저히 참을 수 없습니다. 아무래도 뭔가를 해야겠어요. 이러다 미칠 지경입니다. 제발 좀 도와주십시오."

"잘 들어 보시오. 소를 꺼내 헛간에 갖다 두고, 염소도 마당에 풀어주시오 개도 밖으로 내보내고 닭들도 닭장으로 돌려보내시오. 그리고 며칠 뒤에 나를 찾아오시오." 하고 랍비가 말했다.

남자가 다음에 랍비를 찾아 왔을 때, 그는 마냥 행복해 하며 말했다.

"오, 랍비! 제 아내와 아이들 처가식구들밖에 없어 방이 아주

넓게 느껴집니다. 너무 살기 좋아졌습니다."

내 딸이 십 대였을 때, 가끔 딸은 토요일 저녁에 약속이 없다며 뚱해 있곤 했다. 그날도 모두들 즐기기 위해 나간 밤이었는데 딸만 혼자 집에 남게 되었다. 한참을 투덜대고 끙끙대고 있을 때쯤, 딸에게 다가가 데이트 약속이 없는 것에 대해 과장하기 시작했다.

"새라, 이건 너무 끔찍해. 비극도 이런 비극이 없지. 이건 저주받은 삶이야. 토요일 밤은 왔지만, 우리 둘 다 어디에도 초대받지 못했으니 이제 우린 어떡하면 좋니?"

딸은 익살스러운 내 모습에 웃어버리고, 그날 저녁이 그렇게 최악은 아니라고 생각하게 되었다.

그리고 딸과 나는 우리끼리 즐거운 토요일 저녁을 보낼 수 있었다.

한 여자 동창은 신용카드 대금이 많이 나올 때마다 남편의 화를 가라앉히기 위해 과장을 이용한다.

그녀는 남편에게 길을 걷고 있는데 큰 폭풍이 뒤에서 다가와 그녀를 백화점의회전문으로 날려 버렸다고 했다. 바람이 너무 세어 그녀를 에스컬레이터 층까지 밀어 넣었다. 강한 바람은 엄청 비싼 옷을 그녀에게 던져버리고 연쇄반응을 일으켰다. 가방이 계산대 위로 내려지고, 지갑이 떨어지더니, 이내 신용카드가 기다리고 있던 점원의 손으로 튕겨나갔다.

과장은 여러 가지 형태가 될 수 있다. 난관을 극복하기 위해 유용하게 사용될 수 있는 방법은 과장된 편지를 쓰는 것이다. 꼭 그 편지를 보낼 필요는 없다. 그냥 과장된 감정을 종이에 적는 것만으로도 종종 아픔이 유머로 바뀌고 고통이 줄어들 것이다.

몇 년 전에 너무 비싼 의료비 때문에 화가 났을 때, 아래와 같은 글을 적으면서 화를 누그러뜨린 적이 있다.

의사 선생님께,

얼마 전에 딸의 1년마다 하는 정기건강검진 비용 청구서를 받았습니다. 청구서를 받고 항목별 의료비에 대한 설명을 듣기 위해 병원에 전화를 걸었습니다. 병원에서는 딸이 연령이 높아졌고, 컸기 때문에 비용도 더 비싸진 거라고 하더군요.

키가 커지고 나이가 들면 더 검사를 한다는 건가요? 신체 평방 인치로 비용을 책정하시나요? 아니면 딸이 나이가 들어서 비용이 오른 거라면 저는 45세인데, 왜 제 검진 비용은 딸보다 적습니까?

걱정 마십시오. 청구하신 비용은 지불하겠습니다. 단지 매월 돈 안 냈다고 알려주는 이 강렬한 분홍색 스티커를 보지 않기 위해서입니다. 그러고 보니, 요금이 비싼 이유가 바로 여기에 있었군요. 이 강렬한 분홍색 스티커는 상당히 비쌉니다. 예전에는 침만 바르면 붙일 수 있는 그런 하얀 스티커를 사용하시지 않으셨나요?

하기야 그때는 의사들이 집으로 왕진도 나오고, 환자의 크기에 따라 비용을 책정하지 않던 좋은 시대였죠.

나는 의사에게 이 편지를 보냈고, 그로부터 아무 소식도 들을 수 없었다. 이 후, 병원도 바꿨다. 누가 유머감각이 쥐꼬리만큼도 없는 의사에게 진료를 받고 싶겠는가? 사실 마지막에 한바탕 실컷 웃을 일이 생겼다. 그 의사의 이름은 김사망(Dr. Grave)이었다.

한번은 뉴욕 타임스에 한 남자와 이웃 사이에 오고간 과장된 편지가 실린 적이 있었다.

존 씨께.
지난 4~5주 동안 댁의 개, 프린스의 영리함에 놀라지 않을 수 없었습니다. "아니, 이 사람이 우리 개가 똘똘한 걸 어떻게 알아?" 하고 되물으시겠죠.
어쨌든 그 개가 영리하다는 걸 알고 있습니다. 거의 매일 뉴욕타임스를 읽으니까요.
그런데 공교롭게도 제 뉴욕 타임스를 읽고 있더군요. 가끔은 스크랩을 하려고 원하는 페이지를 찢어가기도 합니다.
어떤 날은 수영장 옆에서 읽으려는지 잡지를 통째로 집에 가져가기도 합니다.
그래서 말씀인데, 혹시 프린스에게 달력을 하나 주실 수 있으신지요? 그럼 제가 매일 밤 하루 지난 뉴욕타임스를 밖에 내놓겠습니다.

아무쪼록 당일 것이 아니라 하루 지난 것을 보기를 바랍니다. 이런 식으로 하면 딱 하루만 늦어지는 것이니 다른 개들과 함께 정보를 나누는 데는 큰 문제가 되지는 않을 것입니다.
이웃집 애드 드림.

모란 씨에게
당신 편지를 받은 이후로, 우리 주인님이 아침에 당신네 근처에는 얼씬도 못 하게 하고 있습니다.
아무쪼록 더 이상 헤진 뉴욕타임스를 읽지 않게 되셨으니 기뻐하시기 바랍니다. 확실히, 당신네들 기삿거리는 모두 저한테 좀 별로더군요!
친구 프린스 드림.

작가 테레사 블루밍데일은 직접적인 효과를 얻기 위해 손수 편지를 쓸 필요는 없다고 한다. 저서 '삶이란 차선을 계획하는 일이다.'에서 "어떤 사람들은 심리 상담을 통해 마음을 다스리지만 어떤 사람들은 주방 식탁에서 마음을 다스린다. 나는 주방 싱크대에서 기분을 풀곤 한다. 냄비와 프라이팬을 닦으며 온갖 신랄한 비평들을 정리한다."고 했다.

한번은 아들이 말썽을 피워서 교장 선생님이 그녀에게 짧은 편지를 써 오라고 했을 때 이렇게 써볼까 생각했다.

교장선생님께

101

제 아들이 짧은 편지가 필요하다고 하더군요. 짧은 편지입니다.

블루밍데일은 은행원에게 보내려고 했던 편지를 하나 더 공개했다.

친절한 은행원님께
친절하신 은행원님께서 왜 이런 불쾌한 통지문을 보내시는 건가요?
계좌 한도초과에 대한 통지문 잘 받았습니다. 굳이 그런 냉랭한 통지문을 보내면서까지 확인 사살해 주실 필요 없습니다.
연체료와 함께 돈을 부칩니다. 어떻게 연체료가 초과 대출액보다 더 많을 수 있는 건가요?

과장된 편지 글에 대한 두 가지 규칙이 있다. 편지를 쓴 후 보낼 때 어떤 부담도 느끼지 말도록 해야 한다. 조금이라도 꺼림칙하다면 바로 쓰레기통에 편지를 버려야 한다. 아마 그런 편지를 쓴 것만으로도 기분이 충분히 나아졌을 것이다.
만약 정말로 편지를 보내기로 결심했다면 왼쪽 아래 한 귀퉁이에 편지를 받을 사람 목록을 써봐야 한다. 미국 대통령, 의회 의원들, 로마 교황, 편지를 받는 사람의 가족 정도가 좋겠다.
난감한 상황을 과장하면서 조롱하는 것을 패러디라고 한

다. 패러디는 다른 사람이나 상황의 특성을 모방하고 극대화시켜 나타내는 것으로 많은 코미디언들이 사람들을 웃기기 위해 패러디를 한다. 패러디는 또한 자신의 난감한 상황을 보고 웃게 하는데 도움을 준다.

이런 상황을 상상해 보자. 당신의 아들과 딸이 여름캠프에 갔다. 아이들에게 일주일에 두 번씩 3주 동안 편지를 썼는데, 답장이 없다. 이 상황을 희화화시키기 위해 어떤 편지를 쓰겠는가?

작가 베네트 서프는 아래 편지와 같은 패러디를 써보라고 제안한다.

아이들아,
아빠는 잘 있단다. 음식도 괜찮고, 엄마도 잘 계시단다. 어제는 골프 수업을 받으러 다녀왔단다.
프로선수는 친절하게 골프 카트도 끌게 해주었지. 카트에 가솔린을 채워 넣었단다.
너희들이 도착하면 골프카트를 하나 사도 좋을지 모르겠구나.
오늘, 동네에서 누가 돈을 더 빨리 버는지 시합하는 대회가 있었는데 꼴찌를 했단다.
대신 너희 엄마가 돈 쓰기 대회에서 일등을 했단다. 관심이 담긴 소포 좀 보내주려무나.
사랑하는 아빠가.

힘든 상황을 가볍게 하기 위한 여러 종류의 패러디를 할 때는 아무 상관없는 사람처럼 행동해야 한다.(이 패러디를 사용할 때는 조심해야 한다. 가끔 다른 사람을 불쾌하게 할 수 있다. 특히 회사에서 동료들과 함께 있는 자리에서 사용한다면 다른 누구를 무시하는 게 아니라 상황을 좀 더 가볍게 받아들이기 위한 것이라고 알려줘야 한다.)

이런 생각을 하면서 전형적인 유대인 어머니처럼 행동해 보는 것이다. 문제가 생기면 불평하고, 걱정하고, 괴로워하고, 다른 사람이 죄책감을 느끼도록 만든다.

차에 가스가 떨어지면, 불평한다.

"뭐야? 잊어버렸니? 가스 3달 전에 넣었잖니."

2블록만 가면 집에 도착하는데도 걱정한다.

"가스가 떨어지면 어떡하지? 집에 어떻게 가지?"

괴로워한다.

"걱정하지 마. 가스가 떨어지면 다 내 잘못이지."

차의 가스가 정말로 다 떨어지면, 다른 사람이 죄책감이 들게 만든다.

"불평하는 건 아닌데, 어떤 멍청한 놈이 가스 채워 넣는 걸 까먹은 거야?"

당신이 유대인이 아니건, 엄마가 아니건, 심지어는 여자가 아니어도 상관없다. 누구든 자신이 유대인 어머니들을 패러디해 볼 수 있다.

다음에 무언가 당신을 화나게 하면 한번 시도해 보고 기분이 나아지는지 지켜보자.

만화가 에스 그로스 씨는 이 유쾌한 유대인 어머니 패러디를 그림으로 그린 적이 있다.

만화 속에서 유대인 어머니가 골목길에서 서서 양철 컵에 돈을 걸고 있었다. 그녀의 목에는 "자식들이 전화를 안 해요."라는 표지를 걸고 있었다.

다른 사람의 입장에 서게 되면, 자신의 상황을 다른 시각으로 볼 수 있다. '발리걸(Valley Girl)' 패러디를 한번 해보자.("완전히 실망스럽다. 가스가 없다니. 이런 일이 나에게 생기다니 믿을 수 없어. 황당해. 어머. 거짓말 같아.")

아니면, 3살짜리 아이처럼 행동해 보자. 그러면 자동차는 살아 있는 물체가 되고, 가스를 다시 채워 넣기 전까지 만이라도 대화를 나눌 수 있게 된다.

'사랑하는 방법: 다름의 축복'의 작가이자 심리치료사인, 티나 테시나는 남편이 부부싸움이 시작되는 걸 직감하자마자 아기 흉내를 내어 싸움의 시작을 막아버렸다고 한다.

"사랑스러운 3살짜리 아이와 싸울 수는 없는 일이죠. 남편을 적당히 용서해 주기로 한 이유이기도 해요. 남편이 손을 엉덩이에 갖다 대고 턱을 내밀고 화난 부모님 흉내 내는 아이를 똑같이 따라 했어요. '누구 짓이니?' 하고 소리치는 거예요. 그리고는 아무거나 불쾌해 보이는 것, 지저분한 탁자나 미뤄뒀던 집안일에 손가락질을 하더라고요. 별로 웃기지도 않았는데, 그를 보니까 도저히 화를 낼 수가 없겠더라고요. 같이 웃고 나서는 그 문제에 대해서 도움이 될 만한 방안을 찾기 위해 뭔가를 할 수 있었어요."

집안일을 싫어하는 사람에게 집안일은 재앙이 휩쓸고 지나간 자리처럼 막막한 상황이 되기도 한다.

유머 워크숍 진행자, 린 그레스버그는 남편이 집안일을 함께 하지 않으면 어린 시절 남자친구 대하듯이 대하면서, 엄마 아빠 놀이를 시작한다. 그녀가 귀엽게 징징대면서 조를 것이다.

"여보, 우리 쓰레기 버려야 되는데 알고 있어요? 여보, 정말 봉지가 딱 맞게 찼어요. 이거 가끔씩 갖다 내놔야 되는 거 알죠, 자기."

남편도 그녀가 집안일을 안 하고 있다고 말하고 싶을 때는 엄마 아빠 놀이를 시작한다.

"여보, 식탁에 접시 안 치운 것 봤어요?"

이런 역할 연기는 결국 가족 사이에서는 일상적인 농담으로 변했다.

"여보, 화분에 물을 안 주면 나무들 죽는 것 알죠?"

"여보, 화장실 청소 좀 해야겠어요."

"여보, 집에 먼지가 많이 쌓인 것 알아요?"

한 음식점에서, 아이오와 묘목장 관리인이 귀찮게 하는 손님과의 대화를 어떻게 패러디로 뒤집어 놓았는지 이야기하는 것을 우연히 듣게 되었다.

그의 사무실 전화기는 집에서도 울리도록 되어 있다고 한다. 일하지 않을 때 손님들이 자주 전화하더라도 그다지 신경 쓰이지 않는다고 한다.

그런데 한 손님은 달랐다.

한번은 새벽 5시에 전화벨이 울렸다. 전화를 받자마자 전화를 건 사람이, "지금 그저께 산 나무를 심으려고 땅을 파는데, 얼마나 깊게 파야 하는 걸까요?"

그는 잘 대답해 주고 다시 잠자리에 들었다.

다음 날 새벽 5시, 또 전화벨이 울렸다. 전화를 건 사람은 전날 전화를 했던 그 농부였다.

"어제 여쭤본다는 걸 깜빡했네요. 나무들끼리 간격은 어느 정도가 적당한가요?"

묘목장 관리인은 대답해 주고는 다시 잠자리에 들었다.

그 다음 날 새벽 5시에 또 전화벨이 울렸다.

"나무 열끼리는 어느 정도 떨어져 있어야 하는지를 못 물어봤네요."

"가문비나무는 8피트입니다. 느릅나무는 12피트구요."

그렇게 대답해 주고는 다시 잠자리에 들었다.

그날 밤 그 묘목장 관리인은 밤 11시에 그 손님에게 전화를 걸었다. 그 농부의 전화가 한 스무 번인지 서른 번쯤 울리고 나서야 드디어 그가 전화를 받았다.

묘목장 관리인이 물었다.

"당신이 오늘, 어제, 그저께 새벽 5시에 전화주신 분이시죠? 잘되어 가는지 궁금해서 전화 드렸습니다."

그러자 농부가 "아니, 지금 밤 11시인 거 알고 계십니까? 다들 잠자는 시간 아닌가요?" 하고 묻자, 묘목장 관리인이 대답했다.

"그것 참 웃기는 일이군요. 저는 다들 11시에 깨어 있고 새벽 5시에 잠자는 줄 알고 있었습니다."

심리상담사 헤럴드 그린월드는 자신이 직접 환자의 행동을 따라 하여 보여주는 거울기법이라는 패러디를 사용한다. 아마 당신을 괴롭히는 사람한테 이런 패러디를 보여주고 싶을 것이다. 물론 조심스럽게 해야 한다.

작가 토마스 컬만은 그린월드와 대화하는 것을 심각하게 불편해 하는 직장인 여성에게 그린월드가 이 기법을 사용했던 이야기를 해주었다.

문제의 원인을 알아내기 위해 집에서 부모님하고 이야기할 때는 어떻게 하는지에 대해 물었다.

그녀는 어린아이처럼 주방에 있는 식탁 밑에 있을 때만 아버지하고 이야기를 할 수 있다고 말했다.

"한번 책상 밑으로 들어가 보시죠."

내가 제안했다.

"어머, 여기선 못 해요."

그녀가 웃으며 대답했다.

"먼저 한번 해보세요."

그녀가 제안했다.

나는 남은 상담시간 동안 큰 책상 밑에 들어가 앉아 있었고, 다행히도 그녀는 한결 편안한 마음으로 이야기했다.

다음에 만났을 때, 내가 다시 책상 밑으로 들어가려 하자, 잠시 머뭇거리더니 나를 붙잡았다.

"알았어요, 알았어요. 그냥 얘기하죠. 그놈의 책상 밑에 다신 들어가지 마세요."

그리곤 잠시 머뭇거리더니 말을 이었다.

"아무래도 우스운 말이나 이상한 말을 해서 바보같이 보일까 두려웠나 봐요. 하지만 선생님도 바보같이 보이는 거 신경 쓰지 않는다는 것을 알았으니, 제가 신경 쓸 필요가 뭐 있겠어요?"

패러디는 특정 인물이 아니라 상황이나 사건을 과장하거나 흉내를 내는 방식일 수도 있다.

스트레스를 주는 회사일은 이런 유머에 딱 좋은 예이다. 직장 상사를 패러디하자는 말이 아니다. 그건 회사에서 해고를 당할 수도 있는 일이다. 대신에 장난스럽게 회사에서의 대화를 과장해 보는 것이다.

예를 들어, 불평을 하는 대신에 "아래 작은 공간에 당신의 불만사항을 적어 보세요. 읽기 쉽게 적어주세요."라고 만들고, 똑같이 작은 불편사항을 넣을 공간을 만들자.

아니면 계속 고장이 나는 물건에 아래와 같은 메모를 붙여 놓자.

"경고, 고장 나기 쉬움"
이 기계는 사용할 때 작동이 얼마나 안 되는지를 감지하는 오류 탐지기로 이루어져 있습니다.
이 탐지기의 오작동률은 작동자가 필요로 하는 정도에 비례합니다. 폭력으로 기계를 다루는 것은 상황을 악화시킬 뿐입니다. 같은 회사에서 나온 것이기 때문에 유사한 다른 기계를 사용하려는 시도도 오작동을 초래하기 쉽습니다. 기계를 부드럽게 다루고 열을 식혀주십시오. 그 외엔 방법이 없습니다.

아니면 회사 운영 인수인계 용지를 회사에 돌려보자.

　　　　님께

읽은 후 : ＿＿＿＿반납
　　　　　＿＿＿＿보관
　　　　　＿＿＿＿전송

행동 :　　＿＿＿＿영어로 번역하기

_____읽은 후 눈물 흘리기
_____읽은 후 찢어버리기
_____읽으면서 찢어버리기
_____읽기 전에 찢어버리기
_____읽고 전달하기
_____읽고 기절하기
_____읽고 요약하기
_____위에 없음

웃음 배우기 실전 연습

이 연습은 상황의 터무니없음을 깨닫고 웃음이 나기까지 감정을 과장하도록 도와줄 것이다.

힘든 하루를 보내보자.

이미 힘든 하루를 보내고 있다면, 진짜 힘든 하루를 보내보자. 오늘 하루가 얼마나 최악이었는지, 다들 얼마나 도움이 안 되는지, 상사가 멍청하고, 못생기고, 쩨쩨한 것은 말할 것도 없이 얼마나 끔찍한지에 대해서 끊임없이 불평해 보자.

오늘 "가장 최악의 날 올림픽"에 참가 중이고, 열렬히 금메달을 따고 싶다고 가장해 보자. 이리저리 날뛰어 보고, 마구 짜증을 부려 보기도 하고, 바닥을 기고 아이처럼 울어 보자.

경고: 연습할 장소 선택 시 신중해야 한다. 집으로 오는 야간 운행버스는 다른 승객들에게 공포심을 조장할 수 있으니 다소 부적절한 장소이다.

4

아이러니가 재미있는 순간, 웃어라

아무도 아이러니의 양을 측정할 수 없기에 일일 적정량을
정하기는 어렵지만, 한두 알 정도의 재미있는 아이러니도
없이 하루를 보내기는 힘든 일이다.

— 조셉 미커(Joseph Meeker,

지구 돌보기(Minding the Earth) 소식지)

　전설적인 무용수 이사도라 던컨은 조지 버나드 쇼에게 둘
이 함께 2세를 가져야 한다고 이야기했다.
　"그 아이는 나의 아름다움과 당신의 지성을 겸비할 거예
요."라고 그에게 알렸다.
　쇼는 이에 반박하며 회답했다.
　"칭찬 감사합니다. 그러나 그 2세가 나의 외모와 당신의
지성을 겸비할까 두렵습니다."
　인생은 계획한 대로 되는 것이 아니다. 어떤 때는 생각했던
것과는 완전히 반대되는 결과를 얻기도 한다. 이것이 아이러

니이다. 누구나 아이러니라고 불릴 삶의 모순을 경험해 본 일이 있을 것이다. 봉급 인상을 받고 집에 돌아오니, 집세도 올라 있는 경우, 드디어 꿈에 그리던 직업을 구했는데, 2주 후에 갑자기 회사가 문을 닫는 경우, 종일 먹고 싶던 아이스크림이 손에서 미끄러져 새로 산 구두에 떨어졌을 때, 우스운 일인가, 끔찍한 일인가? 재미있는 일인가, 어이없는 일인가? 웃기는 아이러니인가, 심각한 상황인가? 선택은 자신의 몫이다. 세상은 아이러니를 만들어주고, 그 아이러니를 어떻게 받아들이는가에 대한 선택은 당신의 몫이다.

근본적으로 아이러니는 슬픈 것도 아니고 웃긴 것도 아니다. 아이러니를 코믹 아이러니로 만드는 것은 예상과는 너무 다른 결과로 인한 웃기는 상황이다. 일반적인 아이러니를 코믹 아이러니로 바꾸는 열쇠는 두 가지 요소의 관계에서 모순이다.

'오 헨리 단편선(O. Henry's short story)'의 '메기의 선물'이라는 이야기는 아이러니의 좋은 예이다. 이 고전적인 이야기에서 남자는 부인에게 크리스마스 선물로 아름다운 머리빗을 선물하기 위해 시계를 팔고, 여자는 남편에게 시계줄을 사주기 위해 그녀의 머리를 판다.

'오 헨리의 이야기'나 소방서에 화재가 발생하는 일들은 바로 웃음이 날 만한 이야기는 아니지만, 그 상황 속의 모순은 씁쓸하면서도 웃음이 나는 코미디를 엮어낸다.

코믹 아이러니에서 코믹이 항상 분명히 드러나는 것은 아니다. 가끔 생각지 못한 일이 생기면 그 안에서 유머를 찾아내기까지는 시간이 걸리곤 한다.

예를 들어 만화에서 한 불행해 보이는 남자가 등장한다. 이 남자는 카누를 탈 때 어떻게 하면 잘못될 수 있는지 알아보기 위해 카누 타는 방법에 대해 꼼꼼히 읽어 보고 있다. 뒤에는 그가 방금 만든 듯해 보이는, 앞머리는 위로 향해있고 뒷머리는 아래로 향해 있는 카누가 있다.

한 여성은 완벽한 계획이 어떻게 아이러니한 코미디로 바뀔 수 있는지 알아냈다. 크리스마스에 한번은 선물을 해야겠다고 생각한 모든 사람들을 위한 딱 맞는 선물들을 발견했다. 하지만 너무 바빠 그것들을 포장할 시간이 없어 백화점에 선물 포장을 맡겼다. 크리스마스이브에 생각보다 일찍 일을 마치고 여유 있게 돌아왔을 때, 선물에 이름이 붙어 있지 않다는 사실을 알게 되었다. 사람들이 익명의 선물상자를 열기 전까지는 완전히 망했구나 싶었다. 그러나 상자를 열며 여기저기서 웃음이 터져 나오기 시작했다. 18살짜리 남동생은 섹시한 실크 스타킹이 들어 있었고, 할머니는 풋볼 할 때 사용하는 어깨 패드를 받았다.

예전에 제시 이모가 병원에 가면서 생긴 아이러니한 코미디가 생각난다. 이모는 소변검사를 위해 소변을 채취해 오라는 말을 듣고 소변을 담을 작은 병을 찾아보았는데 소변을 담을 만한 것이 향수병밖에 없어 어쩔 수 없이 소변을 향수병에 담아갔다. 이모가 병원에 도착하자 간호사가 견본을 달라고 했다. 쇼핑백을 아무리 뒤져도 소변이 담긴 향수병은 보이지 않았다. 순간, 그 향수병을 지하철 좌석에 떨어뜨리고 온 것이 생각났다. 이모는 소변을 잃어버린 것에 너무 화가 났다. 하지만 이내 뉴욕 어딘가에서 한 젊은이가 병 안에 들어 있는 것이 그 비싼 진짜 샤넬 향수라고 착각하고 애인에게 건네주고 있겠다는 생각에 웃음을 터뜨렸다.

컴퓨터의 일반화로 아이러니의 새로운 세상이 열렸다. 컴퓨터가 멈췄을 때는 월급을 받을 수 없고, 월급이 들어 왔을 때는 컴퓨터가 정지되었기 때문에 입금을 할 수가 없다. 최근에 정말 사고 싶은 물건을 점원이 팔지 않아 분노한 손님이 불평하는 것을 들은 적이 있다. 진열대에 다섯 개가 남아 있었는데 컴퓨터에서는 계속 매진된 상품이라 판매가 불가하다는 내용의 거부 메시지가 떴다.

반대로 한 서점에서는 컴퓨터에는 1,100권의 재고가 남아 있다고 나오는데 실제로 한 권도 찾을 수 없어 사지 못했다.

뉴스 언론도 늘 보는 사람의 입장에 따라 참담하기도 하면서도 우스운 아이러니한 사건들을 보도 한다. 아래 내용은 그런 아이러니를 보여주는 12달 동안 보도된 몇 가지 뉴스들이다.

- 플로리다의 한 학교 이사회는 문맹과의 싸움을 위해 모두에게 읽고 쓰는 능력을 극복해야 한다고 촉구하는 전단지를 배포했다.
- 캘리포니아의 한 남자는 자신의 결혼기념일을 잊어먹고 실

116

수로 다른 번호를 선택해 90억 원짜리 복권에 당첨되었다.
- 서점의 높은 판매율을 차지하는 종류의 책은 요리책과 다이어트 책이라고 한다. 하나는 어떻게 음식을 만드는지에 대한 것이고, 다른 하나는 어떻게 하면 먹지 않을 수 있는지에 관한 것이다.
- 핵전쟁 시 대통령을 위해 안전한 공중 사령기까지 제공되도록 고안된 비행기가 기러기 떼 사이로 비행한 후 망가졌다고 한다.
- 한 비행사에서 손님의 수하물을 잃어버렸다. 그가 그 비행기에 유일한 승객이었다는 사실을 제외하면 전혀 새로울 것도 웃길 것도 없는 뉴스이다.
- 국가 계획 협회는 내년 회의 장소를 어디로 할지 아직 결정하지 못했다.

교도소 재소자들에게 명상을 가르치고 있는, 인간 친절 재단의 지도자, 보 로조프는 "삶의 아이러니가 웃음이 될지는 당신의 유머감각에 달려 있다. 60년대, 분노한 급진론자였을 때 나는 별로 웃지 않았다. 70년대 초기 순수한 신세대를 주장했을 때, 무엇에 웃어야 할지 몰랐다. 그렇게 화가 날 것도 무서울 것도 없는 지금, 많이 웃을 뿐만 아니라 내가 그렇게 열심히 하며 재미없게 보낸 시기보다 훨씬 더 많은 정치적이고 정신적인 영향력을 가지고 있다." 우스운 일이 아닌가?
로조프는 다음과 같이 말했다.

신의 농담은 모두 우리 주변에 있다.

생머리를 가진 사람들이 파마를 하기 위해 돈을 쓰는 동안, 곱슬머리 사람들이 그들의 머리를 피기 위해 쓰는 어마어마한 돈을 생각해 보자. 또, 교황이 가난한 사람을 도우러 가는 데는 수백만 달러의 돈이 든다. 우리가 갖기 위해 노력하는 그런 이상적인 삶이 존재하지 않는 세계에서, 우리는 가질 수 없는 환상을 위해 몸부림치는 정신 나간 사람들처럼 살아간다.

유명한 만화가 윌슨은 "삶이란 사실 원래 잘 풀리지 않는 것이다. 그것이 이 무한한 유머의 본질이다."라고 말했다.

생각처럼 잘되지 않는 상황에서 유머를 발견하는 것은 삶의 코믹 아이러니를 찾아내는 또 다른 방법이다. 파산한 한 사람은 이런 방식으로 코믹 아이러니를 발견하게 되었다. 그는 5만 원어치 전신환을 받게 되었는데, 그의 신분을 증명해 줘서 현금으로 바꾸게 해줄 수 있는 유일한 사람은 그가 4만 9천 원을 빚지고 있는 사람이었다.

극작가 고어 비달은 1959년, 연극 '베스트 맨'을 준비할 무렵 로널드 레이건이라는 남자배우를 유력한 대통령 선거 후보 역할의 주인공 역을 주기로 했다. 그러나 막상 레이건에게는 역할이 주어지지 않았다. 대통령 역할을 맡기엔 뭔가 부족한 이미지라는 이유였다.

여러 유명인들은 생활 속에서 코믹 아이러니를 경험했다.

프레드 에스테어의 할리우드 영화 도전은 "연기력 부족, 다소 대머리, 조금 춤출 줄 앎."이라는 평가를 받았다. 찰리 채플린은 몬테카를로에서 열린 '찰리 채플린 닮은 꼴 대회'에 참가한 적이 있다고 한다. 심판관들은 그에게 3등을 주었다.

우리가 미리 알고 있는 게 아니라면, 이런 이야기를 통해 세상은 모순으로 가득 차 있다는 것을 발견할 수 있다. 그 사실에 대해 우리가 할 수 있는 것은 별로 없다. 도움이 되는 것, 우리가 할 수 있는 것은 한 걸음 물러나 이런 모순 속에서 웃음을 찾는 일이다.

워싱턴포스트지에서 여배우 메리 마틴에 대한 기사를 기재한 적이 있다. 그녀가 하루는 유명한 디자이너가 제작한 근사한 의상을 입고 파리의 샹젤리제 거리를 걷고 있었다. 갑자기 새 한 마리가 그녀의 머리 위로 날아갔고 그녀가 그 사실을 알아차리기도 전에 새똥이 그녀에게 떨어졌다. 눈 하나 깜짝하지 않고, 마틴은 그녀의 일행에게 돌아서서 말했다.

"새들은 어떤 사람들을 위해선 노래하죠."

웃음 배우기 실전 연습

아이러니를 발견하기 위해, 상황이 어떻게 시작되고, 어떻게 종료되는지의 관계를 살펴볼 필요가 있다.

예를 들어 한 여자가 수업 등록을 하기 위해 기다리고 있는 학생들의 줄 맨 앞으로 가서 크게 소리쳤다.

"질문 있습니다."(아직 아이러니는 없다.)

등록하고 있는 교학과 직원이 기다려 달라고 했지만 여자는 "근데 전 아무것도 아닌 일에 별로 기다리고 싶지가 않네요." 하고 항의했다.(아직도 아이러니는 없다.)

결국 직원은 그 여자의 질문을 받기 위해 하던 일을 잠시 멈추었다.

"수업이 언제 시작하고 누가 강의하시는 건가요?"

여자가 물었다.

"어떤 수업 말씀하시는 건가요?" 하고 직원이 물었다.

"적극성 훈련이오." 하고 대답했다.(아하!)

생활 속에서 아이러니를 발견하기 위해 가장 중요한 과정은 오늘 신문에서 일명 '나사 빠진 뉴스'를 찾는 것이다. 그리고 일상생활을 하면서 가끔씩 멈춰 서서 의도한 바와 결과로 나타난 일 사이에 아이러니가 있는 사건을 찾을 수 있는지 보자. 그 관계 속의 모순을 발견하고, 그 아이러니에 대해 웃을 수 있는지 아니면 적어도 지긋이 미소 지을 수 있는지 한번 살펴보자.

5

태도:
흥겹게 휘파람을 불어 보자

중요한 것은 마음가짐이다.
메이 웨스트는 80대까지 자신이 20대라고 생각했고, 그녀
의 계산이 틀렸다는 걸 몰랐다고 한다.

－ 사운딩스 매거진(Soundings Magazine)

　교육자인 에드워드 풀링의 이야기에 의하면 중세에는 노동
자들이 일에 대해 어떻게 생각하는지를 알아보기 위해 방문
단이 파견되곤 했다고 한다. 한번은 프랑스의 한 건설현장을
찾아가게 되었다.
　방문자가 한 일꾼에게 다가가 물었다.
　"뭐하고 계시는 겁니까?"
　"뭐하는지 안 보입니까? 장님이오?" 하고 받아치며 말을
이었다.
　"지금 상사가 지시한 대로 이 원시적인 도구로 말도 안 되
는 바위를 자르고 한데 모으고 있소. 지글지글 타는 태양 아

래서 땀을 뻘뻘 흘리고 있소. 굉장히 고된 일이고, 정말 지겨워 죽겠구려!"

방문자는 얼른 뒤돌아서 두 번째 일꾼에게 다가갔다.

그는 그 노동자에게도 같은 질문을 했다.

"뭐하고 계시는 겁니까?"

노동자는 "바위를 사용할 만한 형태로 다듬고 있습니다. 건축 사양에 맞게 조립될 것입니다. 힘들고 반복적인 일이지만, 저는 일주일에 5프랑씩 벌고 있습니다. 그걸로 아내와 아이들과 살아가고 있습니다. 제 직업이죠. 더 힘든 일도 많지 않습니까?"

다소 기분이 좋아진 방문자는 세 번째 노동자에게 다가가 물었다.

"뭐하고 계시는 겁니까?"

"뭐요? 안 보이십니까?"

노동자가 자신의 팔을 하늘로 들어 올리며 말했다.

"나는 대성당을 건축하고 있지요!"

어떤 사람들은 자신이 무슨 일을 하든, 무슨 일이 생기든 흥겨운 휘파람을 흥얼거린다. 그와 반대인 사람들이 항상 어떤 식으로 불평을 늘어놓는지 알아차린 적이 있는가?

삶의 힘든 상황 속에서 어떤 노래를 부를지 선택할 수 없는 듯 보이지만 우리는 선택할 수 있다. 우리에게 일어나는 일을 원하는 대로 조종할 수는 없지만 그것을 어떻게 보고 받아들이는 지에 대한 선택을 할 수 있다.

뉴욕에 살 때, 매일 강아지와 산책을 하면서 자신의 강아지와 산책을 하는 할머니를 만나곤 했다. 그녀는 나에게 3블록 반경 안에서 발생한 살인과 강도, 강간, 화재이야기를 모두 해주곤 했다. 뉴욕이었기 때문에 이야깃거리가 많은 편이었다. 나는 그 할머니에게 불행의 목소리라는 별명을 붙여주었다.

불행의 목소리를 들을 필요가 없다는 것을 몇 달 뒤에야 깨닫게 되었다. 그리고 맞은편 보도로 건너가 반대방향으로 걸을 수 있었다.

우리는 모두 그런 선택을 할 수 있다. 실질적으로 다른 길로 가는 것이 어려울 수 있지만 마음가짐을 바꿔서 언제든지 다른 길로 걸어갈 수 있다.

아래, 작자미상의 시는 5단락으로 구성되어 있다. 매 단락에서 그 마음가짐을 보여준다. 어느 부분이 자신의 상황을 가장 잘 표현하는지 찾아보자.

5단락의 자서전

1단
길을 걷고 있습니다.
보도에 깊은 구멍이 있습니다.
구멍에 빠집니다.
길을 잃었습니다. 어찌할 도리가 없습니다.

내 잘못이 아닙니다.
빠져나가려면 평생이 걸리겠군요.

2단
같은 길을 걷고 있습니다.
보도에 깊은 구멍이 있습니다.
못 본 척합니다.
다시 빠집니다.
다시 똑같은 그 구멍에 빠지다니 믿을 수 없습니다.
그러나 내 잘못이 아닙니다.
빠져 나오려면 꽤나 오래 걸리겠군요.

3단
같은 길을 걷고 있습니다.
보도에 깊은 구멍이 있습니다.
구멍이 거기 있다는 걸 봅니다.
구멍에 빠집니다. 습관입니다. 눈도 뜨고 있습니다.
내가 어디쯤인지 알 수 있습니다.
내 잘못입니다.
즉시 빠져 나옵니다.

4단
같은 길을 걷고 있습니다.

보도에 깊은 구멍이 있습니다.
돌아서 갑니다.

5단
다른 길로 걸어갑니다.

자신이 상황을 어떻게 받아들일지에 대한 선택은 당신의
태도에 달라진다. 오늘은 다소 흐린 날인가, 다소 맑은 날인
가? 50%의 혼인이 이혼으로 끝나는 것인가, 50%의 혼인이
성공적인 가정을 이룬다는 것인가? 장미덤불에 가시가 난 것
인가? 가시덤불에 장미가 핀 것인가? 유리잔의 물이 반쯤 비
워진 것인지, 반이 채워진 것인지 아니면 잔이 필요 이상으로
큰 것인가?

희극작가 오스카 와일드는 그의 새로운 작품 중의 하나가
형편없는 결과를 내놓자, 유리잔의 물을 반이나 찬 것으로 보
기로 했다.

친구가 "오늘 연극 어땠는가?" 하고 물으면 그는 "연극은
성공적이었는데, 관객이 별로였던 것 같소." 하고 대답했다.

나의 친구 중 할인해 주지 않으면 아무것도 사지 않는 친구
가 있었다. 둘이 함께 간 피정에서 그에게 인디언 이름을 만
들어주었다.

내가 "세일 사냥꾼"이라는 이름을 붙여주자, 바로 그 친구

는 물건을 사려고 하였다.

하루는 그가 아쉽게 놓친 할인율이 높았던 세일에 대해서 이야기해 주었다.

길에서 누군가 그에게 공장에서 막 나온 비싼 비디오를 하나에 10만 원에 팔겠다고 했다.

친구는 2개의 비디오를 구입하기로 했다. 판매 상인이 20만 원을 요구하고, 상품을 구입할 수 있는 창고로 가는 골목을 가리켜 주었다. 사기 당하는 게 아닌지 의심스러운 마음에 친구는 돈을 반만 지불하고 나머지는 물건을 가져온 후 내겠다고 했다. 그의 요구대로 돈을 반만 지불한 후 구입할 물건을 가지러 모퉁이를 돌아서 창고로 들어갔다. 창고에는 아무도 없었고 물건도 없었다. 또한 길거리 세일에 대해서 아는 사람은 아무도 없었다.

친구는 아직도 그때 할인을 받았다는 이야기를 하고 다닌다. 결국 그는 길거리 상인에게 절반이 아니라 그 전체 금액을 다줄 수도 있었다. 그는 10만 원을 잃지 않았다. 10만 원을 아낀 셈이었다.

삶의 매 순간, 우리는 어떤 시각의 안경을 써야 할지 선택한다. 매번 어두운 안경을 쓰면 모든 것은 엉망진창으로 보일 것이다. 장밋빛으로 물든 안경을 쓰면 모든 것은 더욱 밝게 보일 것이다. 상황에 집착하며 괴로움에 빠져 있을 수도 있고, 태도를 바꿔 다른 시각으로 상황을 볼 수도 있다.

아래 이야기처럼 자신의 의지로 지옥과 천국을 선택할 수
도 있다.

한 친구가 죽고 나서 거대하고 장엄한 건물로 안내를 받아
들어갔다. 그곳에는 온갖 산해진미가 차려진 큰 식탁이 있었
다. 그가 만찬이 차려진 식탁에 앉자 뒤에서 누군가가 나타
나, 양팔의 팔꿈치에 나무판을 대고 묶어 팔꿈치를 구부릴
수 없게 되었다. 주위를 둘러보니, 다른 사람들도 똑같은 곤
경에 처해 있었고, 끙끙거리며 어쩔 줄 몰라 하고 있었다.
그 친구는 일어나 그를 데리고 온 이에게 다가가 말했다.
"이건 분명 지옥이군요. 그럼 천국은 어떤 곳이오?"
그 사람은 그의 양팔을 풀어주고 건물 너머로 갔다. 그곳에
서 그는 온갖 화려하고 맛있는 음식이 가득 찬 또 다른 식탁
이 있는 연회장을 발견하였다. 그가 앉으려고 하자 또 뒤에
서 누군가가 와서 그의 팔을 나무판을 대고 묶었다. 그는 다
시 한 번 음식을 먹기 위해 팔을 구부릴 수가 없었다. 이전과
마찬가지로 불만족스러운 상황이라고 한탄하며, 주변을 둘
러보았다. 주어진 상황은 같았지만 이번 연회장에서의 상황
은 완전히 달랐다.
자신의 곤경에 울부짖는 대신에, 옆에 앉은 사람과 함께 서
로 먹여주며 모두들 즐거워하고 있었다.

월스트리트 저널의 한 만화에서 슈퍼마켓 계산대에서 지불

해야 할 가격을 보는 찡그린 표정의 여자가 있었다.

슈퍼마켓 점원이 그녀에게 말했다.

"앞으로 물건 값이 오를 것이니, 오늘이 제일 싼 날이라고 생각해 보면 어떨까요?"

우리의 마음가짐은 오늘 가격이 어제보다 비싸다는 걸 보게 할지, 내일보다 저렴하다는 걸 보게 될지를 결정해 준다.

조니 머셔가 작사한 인기곡에 이런 가사가 나온다.

"좋은 일은 강조하고, 나쁜 일은 잊어버려요. 긍정의 힘을 믿어요."

자신에게 일어난 안 좋은 일에 대해 긍정적이기는 쉽지 않지만, 부정할 것도 없는 일이다.

한 작가는 같은 날 두 번째 거절장을 받고 선언했다.

"저는 세상으로 나아가고 있습니다. 이 글은 첫 번째 회사보다 돈을 더 많이 주는 회사에서 온 거절장입니다."

비슷한 예로 한 어부는 모든 것이 점점 나아지고 있다고 말했다.

"어제는 4시간 동안 아무것도 잡지 못했고 오늘은 단 3시간 동안만 아무것도 잡지 못했다."

반대로 주변을 둘러보면 항상 부정적인 사람들도 있다. 그 예로 성질이 고약한 남편의 예를 들어 보자.

부인이 그를 행복하게 하기 위해 할 수 있는 건 하나도 없었다. 그녀가 남편에게 아침에 오렌지주스를 갖다 주면, 그는 포도주스가 낫겠다고 했다. 토스트에 버터를 발라주면, 그냥 먹는 게 더 좋을 것 같다고 했다. 계란프라이를 만들어주면 삶은 계란이 먹고 싶다고 했다.

하루는 아침에 남편의 불평을 멈추게 하기 위해 그녀는 머리를 써서 계란프라이와 삶은 계란을 모두 준비해 놓았다. 그리곤 그의 반응을 기다렸다.

접시를 보고 남편이 투덜댔다.

"오늘은 계란이 먹고 싶지 않아."

이 남편만큼 심하지는 않지만, 우리는 많은 시간을 부정적인 것만 보는데 사로잡혀 긍정적인 부분을 잊곤 한다.

예를 들어 매일 아침 수백만 명의 사람들은 출근하는 길에 휴대폰에 몰두한다. 그리고 세상의 비극적인 소식을 읽으면서 하루를 시작한다. 가끔은 각종 문젯거리를 보도하는 텔레비전 뉴스를 보며, 같은 방식으로 하루를 마무리하기도 한다. 물론 세상에 무슨 일이 일어나는지 알고 부당함에 대응하는 것도 중요하지만, 만약 이로 인해 우울해지거나 생활이 방해된다면 하루하루의 재난 속에 사는 것은 정신 건강에 해로운 것이다.

지속적으로 언짢은 사건에만 집중하는 세상에 살아가면서, 세상에는 즐겁고 행복한 일들도 많다는 걸 매일 상기시킬 필요가 있다. 심지어 절망적인 시기에도 항상 긍정적인 면이 존재하기 마련이다. 어떤 남자는 자신이 좋아하지 않는 사람에게도 장점을 찾아 칭찬을 하기 위해 노력한다고 한다.

"아, 오늘 왼쪽 귀걸이가 참 예쁘시네요."

한 여자는 한 주를 태도 적응 연습과 함께 시작한다고 한
다. 지난주에 가장 짜증나게 만든 사람에게 선물을 주면서 월
요일을 시작하는 것이다.

작가 헬렌 레너와 로베르타 엘린스는 그들의 저서, '스트
레스 해소(Stress Breaker)'라는 책에서 '하얀 번개'라는 방법
을 제안한다. 이 방법은 아이와 부모가 부딪칠 때, 부모를 긍
정적으로 유지시켜 주는 방법이다.

(1) 잃어버린 자동차 열쇠, (2) 주차 티켓, (3) 열어놓은 냉장
고 왼쪽 문, (4) 화장실의 젖은 수건 더미, ((5) 짓이겨진 메
이크업 도구(예를 들어, 눈 아래에 칠할 때 쓰는 도구와 종종 여드
름을 감추기 위해 십대들이 사용하는 도구)에 대해 엄격히 타이
르기 전에, 당신의 가장 사랑스러우면서도 가장 밉상인 아이
가 방안으로 들어갈 때 멈춰서 생각해 보자.

아이들의 일반적인 잘못 리스트를 읊기 전에, 아이 주변에
맴도는 기운, 백색광을 상상해 보고, 가장 사랑스럽다고 생
각하는 모든 것을 말해 보자.

장난기 어린 웃음, 환한 미소, 순진무구한 모습들, 따뜻하고
안락했던 시간들. 화가 가라앉으면서 아름다운 백색광으로
스며드는 것을 느껴보자.

이제 차분하고 이성적인 모습으로 아이들을 타이를 수 있을
것이다.

긍정적인 면을 보는 데 도움이 되도록 매일 당신의 삶에 주어지는 선물의 목록을 기록하는 "기쁨 일기"를 적어 보자.

길거리에서 주운 동전, 슈퍼마켓에서 받은 풍선처럼 누군가로부터 받은 눈에 보이는 선물일 수도 있고, 낯선 사람으로부터의 예상치 못한 미소, 무지개, 일출이나 웃음 나게 옆구리를 간질이는 것처럼 보이지 않는 선물일 수도 있다. 아니면 당신에게 기쁨이나 행복을 준 목록을 채워볼 수도 있다. 자신과 다른 사람들과 연관된 여러 가지, 행동, 사람이나 장소, 물건이 될 수도 있다.

내 목록에는 바닷가 걷기, 딸아이와 함께 있기, 다이아몬드 게임하기, 거품목욕하기 등이 있다.

자신만의 리스트를 만들 때, 당신의 행동과 관련된 비용은 만원을 넘지 않도록 해보자. 기쁨을 느끼기 위해 많은 돈을 들일 필요는 없다. 해야 할 재미있는 일 리스트가 완성되면 집이나 회사에 가장 눈에 잘 띄는 곳에 붙여두고, 직접 실행에 옮겨보자.

성공한 사람에 대한 이야기를 보면, 그들이 긍정적인 면만 보기 위해 자신만의 특별한 비법을 가지고 있다는 것을 알 수 있다. 이런 비법들은 더 높은 운동기록 달성이나 보다 높은 수익을 내게 하는 등 눈에 보이는 결과를 가져다준다. 뿐만 아니라, 삶과 어려움 속에서 더 웃기 위해 노력할 때, 유머를 키워주기도 한다. 이런 긍정적인 강화 기법에는 보물지도 만들기와 확신 갖기, 목표의 시각화 등이 있다.

보물지도 만들기는 일어나거나 소망하는 일을 구체적으로 그려보는 것이다. 자신의 꿈을 종이에 표현해 보는 것과 같은 것이다.

예를 들어 자신의 생활에 새로운 관계를 원한다면, 자신이 이상적이라고 생각하는 모습의 사람을 그려보고, 그 사람에 대해 좋아하는 점과 싫어하는 점의 리스트를 만들어 보자. 가능한 생생하고 구체적으로 만들어 종이에 붙여, 자주 보는 곳에 붙여 놓자.

생활 속에 더 많은 웃음을 원한다면 똑같은 방법을 사용해 볼 수도 있다. 자신의 목표를 지속적으로 상기시켜 줄 수 있는 사진이나 여러 가지 아이템을 주변에 두자.

나의 게시판은 웃는 입술 사진, 광대 카드, 스마일로 가득 차 있다. 이런 작은 메모들은 자신이 어느 방향으로 향해 가야 하는지를 계속해서 보여주는 길거리 표지판과 같다. 난관에 부딪히거나 항상 웃어야 한다는 사실을 잊을 때면, 이 그림들은 내가 제자리로 돌아오도록 이끌어줄 것이다. 보물지도 만들기는 항상 목표를 성취하도록 이끌어주었다. 몇 년 전에 뉴욕에 살았을 때, 언젠간 나도 하나 갖고 싶다는 생각을 하고, 정말 근사한 빅토리아 시대 풍의 집을 그렸다. 실제로 지금 나는 그 집에 살고 있다. 현재 집에 있는 나의 책상 위에는 베스트셀러 몇 권과 가장 좋은 자리엔 나의 책, '마음을 치유해 주는 유모의 힘'이 놓여 있다. 이것은 내 방식의 내가 바라는 보물지도이다.

두 번째 마인드 컨트롤 방식은 확신이다. 실제로 이루어졌
건 아니건 간에, 그것이 진실이라는 확고한 신념이다.

나폴레옹 힐은 그의 저서, '놓치고 싶지 않은 나의 꿈 나의
인생'에서, "사람이 마음속에서 상상하고 믿는 것은 무엇이
든 이루어질 것이다."라고 했다.

당신은 살아가면서 더 많이 웃을 수 있다. 하지만 우선 그
렇게 될 거라고 확신하고 믿어야 한다. 일어날 수 있다가 아니
다. 일어날 것이다. 나는 모든 상황 속에서 유머를 발견한다.
나는 모든 역경을 기회로 생각한다. 나는 다시 웃을 수 있다.

세 번째 태도의 변화를 이끄는 방법은 시각화이다. 이것은
자신의 마음속에 성취하고자 하는 희망하는 결과를 생생하게
그려보는 것이다. 무슨 일이 생기건, 항상 눈을 감고 자신이
원하는 것을 볼 수 있다.

우리가 생각하는 방향으로 삶을 살게 된다.

아래 이야기를 읽으며 당신의 마음속의 그림과 시각화된
모습을 긍정적으로 유지시키기 위해 어떻게 해야 할지 다시
한 번 잘 생각해 보자.

성격이 극과 극으로 다른 두 형제의 한 이야기를 통해, 좋
지 않은 상황에서 어떻게 긍정적일 수 있는지 살펴보자.

한 명은 타고난 낙관주의자였고, 다른 한 명은 완고한 비관
주의자였다. 한번은 크리스마스 선물로 어떤 걸 받고 싶은지
물어 보았는데, 두 형제는 조랑말이 갖고 싶다고 했다.

크리스마스 아침이 되었고, 둘은 신이 나서 마구간을 향해

달려 나갔다. 문을 열고 들어갔는데 마구간에는 어마어마한 양의 동물 배설물로 만든 거름 외에는 아무것도 없었다.

비관적인 아이가 실망을 하곤 울면서 집으로 뛰어 들어갔다. 반면, 낙관적인 아이는 삽을 들고, 땅을 파기 시작하면서 말했다.

"이렇게 많은 배설물이 있는 걸 보면 분명 조랑말이 여기 어딘가 있을 거야."

웃음 배우기 실전 연습

상영시간이 긴 뮤지컬 '판타스틱스(The Fanrasticks)'에는 이런 가사로 시작하는 노래가 나온다.

"콩 심은 데 콩이 나고, 팥 심은 데는 팥이 난다죠."

보물지도, 확신, 시각화는 당신이 마음가짐을 바꾸고, 삶의 역경을 보고 웃어야 할 때, 당신이 좋은 씨앗을 심도록 도와준다.

보물지도

(당신이 원하는 모습의 실제 그림을 그리는 것이다.)

우선, 자신을 웃게 하는 것의 그림을 그리거나 사진을 찍어 보자.

그리고 이 그림을 당신이 자주 보는 곳에 붙여 놓는다. 당신이 웃을 수 있다고 상기시켜 주는 메모와 같은 것이다.

확신

(이것은 당신의 씨앗이 잘 자라도록 돕는 물과 햇빛 같은 것이다.)

자신만의 방법으로 확신을 만들거나, 아래와 같은 방법을 사용할 수도 있다. 긍정적인 마음가짐을 유지하고, 하루에 할 수 있는 만큼 자기 자신에게 반복해서 속삭이자. 또 여러 장의 3인치?5인치 카드에 적어 집, 회사, 자동차에 두어서 자신이 성취하려고 하는 것을 지속적으로 보는 것이다.

여기 확신의 몇 가지 좋은 예를 들어 보겠다.

"나, (이름)은 오늘 조금 더 웃을 것입니다."

"나, (이름)은 삶의 즐거운 모든 것에 감사합니다."

아니면 집에 있는 모든 거울 위에 이런 메모를 붙여 보자.

"이 사람은 심각하게 받아들이지 않을 것입니다."

시각화

(이것은 씨앗이 자라서 익고 열매를 맺을 수 있다고 마음속으로 그 모습을 그려보는 단계이다.)

아래와 같은 연습은 조용하고 편안한 분위기 속에서 하기에 딱 좋다. 전화기를 끄자. 자신에게 이 글을 직접 읽어주거나 동영상으로 찍어 놓고 원할 땐 언제든지 돌려 봐도 좋다. 적당한 부분에서는 기다렸다 읽으면서 천천히 읽어야 한다.

눈을 감는다. 천천히 깊게 숨을 들이마신다. 몇 번 들이마신 후, 내쉬면서 조용히 진정하자고 자신에게 반복해서 말한다. 몸이 부드러워지는 걸 느껴본다. 근육이 느슨해지는 걸 느껴본다. 자신이 공기를 마시는 게 아니라, 공기가 자신을 마신다고 느껴질 때까지 점점 당신의 숨이 알맞게 조절되도록 해보자. 숨을 들이마시고 내쉬면서 고요하고 진정된 상태로 깊이깊이 빠져든다. 한 숨, 한 숨 점점 더 편안해진다.

숨에 집중해 본다. 공기가 광대인형 풍선으로 연결되는 튜브로 들어가고, 인형이 점점 크게 부풀어지고 있다고 상상한다. 숨을 내쉴 때마다 당신의 광대 인형은 점점 커진다. 이제 대형 풍선처럼 커졌다. 자, 이제 자신의 광대를 조금 더 가까이서 본다. 얼마나 큰지 그리고 색깔, 모양을 한번 본다. 남성인가, 여성인가? 모자를 쓰고 있나? 당신의 광대는 이름이 있나? 광대의 가장 신기한 부분은 어디인가? 천천히 자신의 광대의 생생한 이미지를 만들어 보자.(기다림)

이제 다시 숨쉬기에 집중해 본다.

숨을 들이마실 때마다 당신의 광대는 계속해서 점점 더 커진다.

당신의 광대는 당신의 근심을 조금이라도 가볍게 해주기 위해 항상 당신 옆에 있다. 기억하자. 어떤 문제도 이 거대한 광대에겐 사소한 일이다.

곧, 광대는 당신에게 당신이 겪고 있는 난관들과 근심을 어떻게 가볍게 하는지에 대해 조언을 해줄 것이다. 광대의 말을 의심하지 말자. 설혹 당신이 생각하는 말을 하지 않더라도 그 조언을 받아들이고 귀를 기울여야 한다.

좋다. 당신의 광대에게 전혀 즐겁지 않은 상황 속에서 어떻게 유머를 발견하는지 물어 보자. 대답에 귀를 기울여 본다.(기다림)

대답을 듣고 난 후, 광대에게 이야기를 들어주고, 문제를 가볍게 해줄 방법을 가르쳐 준 것에 대한 감사의 인사를 한다.

근심걱정 없이 해결책을 찾고 싶을 때, 스트레스가 쌓일 때, 어떻게 하면 좋을지 의문이 들 때, 당신의 광대에게 물어 본다. 광대는 당신이 들이마시는 공기만큼 가까운 곳에 있다. 광대를 만나기 위해 해야 하는 일은 광대에게 숨을 불어 넣어 주는 일이다.

이제 준비가 되었으면 광대에게 작별인사를 하고, 다시 숨쉬기에 집중해 본다. 천천히 일정한 속도로 숨을 쉰다.

주변을 둘러싸고 있던 것들을 살펴보자. 당신이 앉아 있는 바닥, 다리가 놓여 있는 곳, 팔이 쉬고 있는 곳. 그리고 새로운 공기를 들이마실 때마다 깨어나기 시작한다. 조금씩, 조금씩 서서히 깨어난다.

이제 깊고 활기찬 숨을 세 번 들이마시고, 마지막에 눈을 뜬다.

하나: 정신 차리기!

둘 : 기운 차리기!

셋 : 깨어나기!

6

웃음의 순간을
떠올리게 하는 소품의 힘

우리가 느끼는 기분들은 주변에서 보는 것에 영향을 받는다.

예를 들어 튼튼한 나무 벽판과 벨벳 커버의 의자들 오리엔탈 깔개가 있는 식당에 들어서면 따뜻하고 편안한 느낌을 받게 된다. 반면 너무 튀고 색깔이 안 맞는 식탁과 얼룩진 벽, 바닥의 깨진 타일이 있는 식당에서는 기분이 썩 좋지 않다.

주변 환경은 우리가 어떻게 느끼고, 기분을 좋게 하고, 나쁘게 하는 데 중요한 역할을 한다. 그렇기 때문에, 당신을 더 밝은 세계로 이끌어줄 유머를 생각나게 하는 것들, 유머러스한 장식들과 재미있는 소품의 중요성은 아무리 강조해도 지나치지 않다.

수년 전에 영국, 윈체스터의 킹 알프레드 대학의 행태학자 팀이 기분을 좋게 하는 물건들로 주변 환경을 조성하는 일의 중요성을 밝혀냈다. 그들은 방문자에게 즐거움을 주는 다양한 종류의 재미있고 유쾌한 물건들로 "유머 환경"을 고안해 내어 직접 설계하고 실험해 보았다. 모형 우주선, 잠수함, 화장실, 극장, 시내 중심가에 그리고 그냥 재미로 혹은 사람들과 어울리며 가지고 놀던 가제트나 기즈모 등 여러 장난감뿐 아니라 참여자들이 사용해 볼 수 있도록 만화, 가면, 의상을 전시해 놓았다.

방문객들은 그 공간에 들어가기 전에 기본적인 심리테스트를 받고 안에서 참여하고 싶은 프로그램에 한번 참여하도록 안내를 받았다. 참여자들에게는 알려주지 않고, 다양한 방에 여러 도구들을 비치해 놓고, 그들이 알아차릴 수 없게 한 방향에서는 투명으로 보이는 거울을 설치해 그들을 관찰하였다. 일반 심리테스트는 실험 후에 한 번 더 주어졌다.

실험 결과, 참가했던 사람들은 기분이 좋아졌다. 재미있는 소품과 웃음거리를 생각나게 하는 물건으로 꾸며 놓은 연구팀을 포함한 유머센터는 사회적 화합을 만들어냄으로서 높은 가치를 갖게 되었다.

많은 불협화음을 초래하는 현대의 불편함 중의 하나는 교통체증이다. 고속도로는 이제 짜증도로가 되어 버렸다. 차가 밀릴 때, 욕을 하고 소리를 질러 본 적이 있을 것이다. 그러나 그런 행동은 정신적으로나 신체적으로나 아무런 도움이 되지 않는다. 그보다 지금 일어나고 있는 일을 받아들이고 즐겁게 시간을 보낼 수 있도록, 차 안에 웃음이 나게 하는 아이템들을 가지고 다니는 게 더 도움이 되지 않을까.

내가 아는 여성 두 명은 교통체증에 그들의 불안을 해소시켜 줄 소품이 따로 필요 없다고 했다. 한 명은 그냥 다른 운전자에게 소리 없이 사랑한다는 입모양을 만들어 속삭이고 키스를 날린다고 했다. 다른 한 명은 자동차 백미러를 보면서 웃기는 표정을 지어본다고 했다.

고속도로에서건, 직장에서건, 집에서건, 삶이라는 도로 어디에서든, 교통체증은 모두 당신의 유머감각을 시험해 볼 좋은 장소인 것이다.

힘든 시기의 빛을 만들도록 자신을 일깨워 줄 소품이나 도구를 항상 들고 다니고 싶고, 차 안에 넣어두고 싶고, 책상 서랍 안에 넣어두고 싶다는 생각이 들 것이다. 오늘 하루를 무난히 보내고, 온전한 정신 상태를 유지하기 위해서 당신은 일부러 코미디언 그루초 안경과 장난감 고무 닭 인형을 집어 들게 될 것이다.

소품과 도구가 교통체증을 해소시키진 못하지만 번잡한 도로를 빠져나갈 때까지 당신을 유쾌하게 해줄 것이다. 지금 당장은 이 상황이 싫지만, 소품을 이용해 재미있는 시간을 보내는 것은 문제를 긍정적으로 바라보는데 도움이 될 것이다.

한 강연에서 소품이 힘든 상황을 얼마나 빨리 완화시키는지 보여주기 위해, 참석자 모두에게 빨간 피에로 코를 나눠주었다. 어떻게 이 작은 물체가 사람들의 생활에 큰 변화를 일으키는지에 대해 모두 놀라곤 한다.

강연을 마치고 한번은 두 아이의 엄마가 아침에 아이들을 깨우기 위해 어떻게 할지 몰라 힘들었다며 사연을 적어 보냈다. 아침에는 거의 항상 아이들이 기분이 안 좋고, 일어나기를 힘들어한다는 것이었다.

저는 빨간 피에로 코를 집어 코에 올려놓았습니다. 어제 저녁에 외출한 동안 숙제를 마쳐 놓았는지 물어 보려고, 소파에서 졸고 있는 아들에게 다가갔습니다. 제 눈을 피하며 웅얼웅얼 대답하다가, 코를 보고는 아이의 얼굴에 미소가 번지기 시작했습니다. 아침 식사 전에 이런 미소를 본 것만으로도 충분히 가치 있는 일이었습니다.
이번엔 딸에 관한 이야기입니다. 피에로 코를 코에 둔 채로 이번에도 힘들게 기상시킬 생각을 하며, 딸의 침대로 갔습니다. 아이의 눈이 반쯤 떠져 있는 걸 보고, 저를 보는 딸아이의 표정을 보면서 전에는 아이가 왜 일어나지 못했는지 그 진정한 이유를 알 수 있었습니다. 즐거움으로 가득 차 번쩍 뜨이는 아이의 눈을 보셨어야 합니다. 웃음을 멈추질 못하더군요. 잠귀신을 쫓아내는데 이렇게 효과적인 방법은 처음 봤습니다.

빨간 코에 대한 나의 열정을 보고 캘리포니아 남부에서 온 롤라 질레바드 씨는 "30대, 사랑에 성공하는 비법은 **빨간 코**"라는 타이틀의 기사를 스크랩해 보내왔다. 기사에는 롤라와 그녀의 남편, 행크가 강연하는 사랑에 관한 워크숍에서 빨간 피에로 코를 이용해 말다툼을 멈추는 방법을 가르친 이야기가 기재되어 있었다. 그들은 상대방과 거래를 하는 것이라고 표현했다. 한 명이 화가 나면 그 사람은 빨간 코를 써야 한다. 이 방법은 상황이 정리될 때까지 대화를 줄여준다.

롤라는 "저는 화가 나면, 큰 빨간 코를 코에 올려놓고 남편에게 지금은 나한테 말 걸지 않는 게 좋을 거라고 말합니다. 빨간 코가 코 위에 있다는 걸 잊어버리고 있다가 거울을 보고 웃어 버렸습니다. 어떨 땐 빨간 코 때문에 화난 상태로 있기가 힘들어요."

피에로 코를 사용하는 것은 집에서는 통할법하지만 회사 동료나 친구들과 함께 있을 때는 빨간 코가 적절하지 않을 것이다. 샌프란시스코 일반 병원의 빌 플로츠 박사는 이 문제를 해결할 방법을 알아냈다. 그는 항상 주머니에 고무로 된 큰 장난감 시라노 드 벨쥐락 코를 가지고 다닌다. 누군가에게 화가 나면, 주머니에 손을 넣고 만지작거리면서 마음을 가다듬는다. 마음에 안 드는 사람의 코라고 생각하고 엄지손가락으로 만지다가 뒤집었다가 쑤시기도 한다. 이보다 더 현명할 수는 없다.

재미있는 문구도 직장이나 집에서 사용할 수 있는 휴대용 소품이 될 수 있다. "지금 웃을 시간이 없을 정도로 바쁘다면, 당신 정말 바쁘시군요.", "심각함을 뿌리 뽑으세요.", "아직 재미없나요?"와 같은 문구들처럼 어떤 것은 당신이 웃어야 한다고 직접적으로 말하기도 한다. 아니면 "돼지와 싸우지 마세요. 당신과 돼지 모두 더러워지고, 돼지는 그걸 좋아할 거예요.", "저희는 정확하게 추측합니다.", "아침식사로 두꺼비를 먹어 보세요. 남은 하루 동안 그보다 더 안 좋은 일은 없을 겁니다."와 같이 진짜 웃기는 내용의 문구 일수도 있다.

이 문구를 통해 메시지를 전달하고 사람들이 기억하게 할 수 있다.

커피 잔에 담배꽁초를 버리는 사람들 때문에 문제가 많은 한 식당에서는 벽에 이와 같은 문구를 붙여 놓았다.

"컵에 담뱃재를 털어놓아야 한다면, 종업원을 불러 주십시오. 재떨이에 담긴 커피가 제공될 것입니다."

소품들은 화를 진정시키는데 큰 도움이 된다. 하지만 그런 소품이 없는 상황에서는 어떡할 것인가? 걱정할 필요 없다. 세상은 다양한 소품들로 가득하다. 어떤 것이든 고통 완화 소품이 될 수 있다. 전화기나 숟가락, 손수건과 같은 것들도 기분전환을 위해 바로 사용되어질 수도 있다.

예를 들어 내 의견에 반대하는 동료에게 나의 의견을 이야기하기 위해 주차료 징수기를 집어 마이크로 사용한 적이 있다. 저녁식사 중의 지루한 대화 분위기 전환을 위해 작은 실수가 필요했을 때, 식탁 냅킨을 웃음 소품으로 사용했다. 냅킨으로 얼굴을 가리고 냅킨 위에 안경을 썼다. 그 상태로 계속 식사를 했다.

누군가는 전화기를 장난감으로 사용했다고 했다. 사무실에서 모든 것이 너무 급박한 상황에 이르렀을 때, 그는 최신기계에 응답하는 과학자, 알렉산더 그레이엄 벨의 흉내를 내거나, 외국인의 어색한 억양으로 대답한다고 한다.

내 워크숍에 참가한 적이 있는 한 여성은 평범한 티스푼이 어떻게 그녀를 구했는지에 대해 이야기해 주었다.

그녀와 대부분의 비서직 직원들은 거의 항상 함께 점심식사를 하곤 했다. 함께 점심 먹는 사람들 사이에 점심시간에는 일과 관련된 이야기는 하지 않기로 암묵적인 동의가 있었기 때문에 그녀는 점심시간을 조금이나마 즐길 수 있었다. 그러나 한 가지 예외가 있었다.

제니스라는 여자는 항상 그녀의 상사에 대해 불평하고 징징대면서 평화로운 휴식을 방해하는 것이었다.

그렇다. 실제로 제니스의 상사는 이해가 안 되고, 배려심도 없는 사람이었다. 모두 그녀의 이야기에 공감했지만 사실 점심시간에 그 상사에 대한 이야기를 듣고 싶진 않았다. 불평 좀 그만하라고 부탁해도 아무 소용이 없자, 비서 중 한 명이 새로운 아이디어를 제안했다. 제니스가 크게 한숨을 쉬기 시작하자마자, 제니스를 멈추기 위해 손을 올리고, 다른 손으로 티스푼을 마이크처럼 들고 발표했다.

"특보 전달을 위해 잠시 방송을 중단하겠습니다. 이 자리에 여러 가지 충격적인 사건들로 악명 높고 딱딱한 사람, 제이 씨의 비서 제니스 블로스 씨가 함께 하고 계십니다. 블로스 씨, 마이크에 대고, 걷잡을 수 없는 분열과 비효율적인 면에서 최근 가장 큰 업적을 이뤄온 제이에 대해 청취자들께 한 말씀해 주시죠."

리포터에 의해 블로스는 최근 제이 씨의 장황한 불평을 늘어놓기 시작했다. 그러나 그녀는 징징대는 독백을 더 이상 계속할 수 없었다. 얼굴이 화끈거리고 웃음이 나는 것을 멈출 수 없었다. 심지어 그녀는 티스푼을 가지고 사무실로 돌아가 우리를 놀라게 했다. 상사인 제이 씨가 그녀를 힘들게 할 때면, 우리에게 와서 마이크를 건네주고 인터뷰를 해달라고 했다. 어떤 때는 그냥 티스푼을 보여주는 것만으로도 때로는 작은 미소가 때로는 배꼽 빠지는 웃음이 나게 했다.

유머러스한 소품을 이용하는 즐거움은 기지가 필요한 것도 아니고 농담을 기억할 필요도 없고, 어떻게 말하는지 알아야 할 필요도 없다. 그냥 재미있는 도구가 알아서 해결해 줄 것이다.

한번은 호텔 오찬에서 소품의 힘의 효율성에 대해 연설을 한 적이 있다. 누군가 나에게 중간 테이블에는 앉지 않는 게 좋을 거라고 조용히 경고해 주었다. 이유를 물어 보니 위협적인 여종업원이 그 테이블을 담당하고 있다는 것이었다.

"크고 건장한 체격의 직원인데 상당히 불친절합니다."

오늘 유머러스한 소품이 한몫하겠다고 직감하고, 첫 번째 코스 요리 서빙을 마칠 때까지 기다렸다가, "오늘 너무 수고

하십니다. 감사의 의미로 이걸 좀 드리고 싶은데요."라고 말하며, 워크숍에서 사용하는 발바닥 길이만한 10만 원짜리 수표를 그녀에게 건넸다.

"이게 여태껏 받아본 것 중에 가장 비싼 팁일 거요."

얼굴이 환해지며 그녀가 한마디 했다.

"글쎄요, 손님, 가장 비싼 팁이 아닐진 몰라도, 가장 긴 팁이긴 하네요."

그녀가 웃고, 다함께 웃었다.

그녀가 주방으로 돌아가자, 같은 테이블에 있던 한 여성이 말했다.

"어머, 아까랑은 걸음걸이부터 다르네요."

소품의 힘의 또 다른 예를 들어 보자.

아버지가 너무 무섭고 강압적이라고 생각하고 아버지에게 고질라라는 별명을 붙인 젊은이가 있었다. 하루는 심리치료 시간에 그의 괴물 같은 아빠의 역할 연기를 통해, 직면해 보는 시간을 갖게 되었다. 그 젊은이는 그대로 얼어붙어 앉아 있었다. 심리치료사가 이 난감한 상황에 도움을 줄 자문가를 부르겠다고 하자, 결국 참여하기로 했다. 심리치료사가 일어나 문을 열고, 키가 180cm 정도 되는 고무로 된 고질라를 끌고 들어왔다. 그 고질라 인형을 보고 웃고 난 후, 젊은이는 아버지에 대한 공포감이 장난감 고질라처럼 과장되어 있었다고 느끼고는 편안히 이야기를 하기 시작했다.

많은 사람들은 위의 심리치료사와 같이 긴장된 상황을 해소하기 위해 장난감을 사용한다.

예를 들어 샌프란시스코의 모피트 병원은 어린 환자에게 그들이 어떤 수술을 받게 될 건지에 대해 설명할 때, 인형을 사용하여 이야기한다. 의사나 간호사가 설명할 때보다 훨씬 덜 무섭게 들리기 때문이다.

인형극이 사용되는 또 다른 힘든 상황은 성추행을 당한 아이들을 대할 때이다. 아이들이 다시 말하기에 너무 무서운 것이라도 인형으로는 직접 연기를 해보일 수도 있다.

인형이나 박제된 동물 같은 장난감은 아이들만을 위한 것이 아니다. 몇몇 병원들은 심장 절개수술을 한 성인 환자들에게 "기침해 주세요, 곰 인형"을 사용하고 있다. 이 환자들은 수술 후 기침을 할 필요가 있는데, 병원에서 환자들이 일반적인 이불과 베게와 있을 때보다 이 곰 인형을 안고 있을 때, 더 기침을 잘하는 경향이 있다는 사실을 발견했다.

나는 강의를 할 때, 항상 얼굴에 파이가 던져졌을 때 찍은 딸아이의 사진을 가지고 다닌다. 일이 생각처럼 잘 풀리지 않을 땐 그 사진을 보고, 곧 그 표정을 보며 되살아난다.

사진은 내 수업을 들었던 한 여자에겐 팀 구성을 위해 중요한 부분이 되었다고 한다.

그녀는 자신이 소속한 부서의 매니저가 된 후, 사람들이 그녀를 상관으로 생각하고 대화를 하지 않는다고 했다. 그녀는 사람들에게 각자의 어린 시절 사진을 가져오게 하여 이 단절

된 감정을 해결할 수 있었다고 한다. 그녀는 그 사진들을 게시판에 올리고, 모두들 누가 누군지 맞춰보기 시작했다. 일주일 후, 어린 시절 사진 맞추기 게임은 그녀와 부서 동료 사이의 관계를 훈훈하게 변화시켰다고 했다.

웃음 배우기 실전 연습

장난감 가게, 창고 세일, 중고 물품 가게들은 웃음을 부르는 소품을 저렴하게 구입하기에 완벽한 곳이다. 오늘 하루를 보내면서, 자신의 주변을 둘러보고, 어떤 물건이 기쁨을 주고 어떤 물건이 우울하게 만드는지 생각해 보자.

언짢게 만드는 물건은 모두 기분 좋은 물건으로 바꿔버리자.

7

웃음이 당신의 우산이 될 것이다

웃음은 모든 것을 똑바로 세우는 곡선이다.

－필리스 딜러(Phyllis Diller)

스마일은 영어에서 가장 길고, 가장 짧고, 빠른 단어이다.

아마 왜 가장 길다고 하는지 눈치 챘을 것이다. 한 단어 안에 긴 거리단위인 마일이 있기 때문이다. 동시에 미소는 즉각적인 의사소통 수단이기 때문에 가장 짧고, 당신의 우울을 제거하기 위해 가장 신속한 방법이기에 가장 빠른 것이다.

겉으로 보기에 당신의 입 꼬리를 올리는 간단한 행동은 당신과 다른 사람 사이의 관계를 바로 연결시킨다. 미소에 있어 언어의 장벽은 없다. 당신 얼굴의 미소는 당신의 심장이 살아 숨 쉰다는 것을 말하는 신호와 같다.

더 깊이 생각해 보면, 웃고 있는 동안에는 몸속에서 우울한 기억들을 덜 만들어낸다.

심리학자 클락 대학교의 제임스 레어드 교수의 연구에 의

하면, 표정은 행복한 기억을 되살아나게 함으로써 좋은 기분을 만들어낸다고 한다. 레어드 교수는 학생들이 웃고 있었을 때 더 행복했다고 기억한다는 것을 발견했다. 반대로, 우울한 이야기는 얼굴을 찌푸리고 있었을 때 더 잘 기억된다. 바꿔 말해, 월급을 올려달라고 이야기하거나 업무상 전화를 걸거나 심지어 농담을 하면서 다소 불편하다면, 한번 웃어 보자. 모든 일이 잘되던 때를 떠올리게 될 것이다.

독일의 한 사회 심리학자, 프리츠 스트랙은 "이제 확실히 얼굴 표정은 감정적 경험의 필수적인 부분이다."라고 했다.

레어드의 연구와 비슷한 연구를 했던 스트랙은 사람들에게 입에 펜을 물게 해 강제적으로 미소 짓게 했을 때 사람들의 만화에 대한 반응이 더 고조된다는 사실을 밝혀냈다.

이 두 연구자들은 진심으로 웃고 있는지, 인위적으로 웃고 있는지는 중요하지 않다고 한다. 인위적인 미소도 진짜 미소만큼 쉽게 행복한 생각을 끌어낼 수 있다.

"유머에 진가를 알기 위해서 억지로라도 미소 짓는 것은 도움이 된다."

미소에 대한 조사와 함께, 의학계는 미소를 지을 때 움직이는 협골근의 사용이 몸에 이롭다는 사실을 인정했다.

데이비드 브레슬러 박사에 따르면 미소는 신체적이고 정신적인 고통으로부터 벗어나는 첫 걸음을 내딛도록 도와준다고 한다. 전체 그림의 일부에 불과하지만 고통에도 불구하고 미소를 짓는다면 불편함에서 조금씩 멀어지고 있다는 것이다.

로스앤젤레스의 캘리포니아 주립대학에서 통증 조절 강의의 전 교수였던 브레슬러는 결국 웃음과 미소에 관한 한 전임자가 되었고, 그의 환자들이 미소를 지음으로써 고통에서 벗어나도록 고무시켰다.

그는 환자에게 당장 거울 앞에 서서 1시간에 2번씩 웃으라는 처방전을 써 주기도 했다.

브레슬러는 환자들이 "재미 혈당 레벨"을 증가시킴으로써 더 많이 웃기를 권장한다.

그는 또 "만성 고통이 있는 환자는 평소에 즐기곤 하던 일들도 하지 않죠. 고통이 너무 심해서 할 수 없다고 생각하는데 사실은 그 반대인 경우가 대부분입니다. 그들이 재미있게 즐기려고 하지 않기 때문에 고통이 더 오래 지속되는 겁니다."라고 했다.

몇 년 전, "나는 보라색 소를 본 적이 없습니다."라는 시를 쓴 젤레트 버그스는 그의 인생을 바꾼 프랑스의 파리에서 한 강연을 듣게 되었다. 강연자는 모두에게 웃어 보자고 하며 강연을 시작했다. 버그스는 힘든 시기를 겪어오고 있었고, 한동안 웃거나 미소 짓지도 않았었다. 하지만 그날 저녁 그도 어쩔 수 없었다. 그 단순한 요구에 모두가 웃고 있다는 사실과 복합되어 그의 얼굴에 미소를 가져왔다. 그가 알아차리기도 전에 기분이 훨씬 좋아지는 것을 느꼈다.

다음 날 그는 잡지에서 웃는 얼굴의 사진을 오려 벽에 붙였다. 그 사진을 볼 때마다 그 사진은 그도 웃게 만들었다.

그는 사람들의 웃는 사진, 미소 짓는 사진을 모으기 시작했고, 얼마 되지 않아 그의 스크랩북이 가득 차게 되었다. 하루는 그가 그 스크랩들을 간호사에게 보여주자, 그 간호사는 병원 사람들과 그것을 돌려보게 되었다. 사람들은 웃고 있는 얼굴을 보는 것만으로도 기분이 좋아졌다고 한다. 버그스는 계속해서 다른 스크랩북도 만들어 병들고 우울한 친구들에게 보내주었다. 그가 들은 소리는 한결같이 그들이 모두 기분이 좋아졌다는 것이었다.

　존 다이아몬드 박사는 미소 짓는 것이나 혹은 그냥 미소를 보는 것은 "삶의 에너지"라는 것을 준다고 했다.

　다이아몬드 박사는 "우리는 미소가 얼마나 아름답고 이로운 것인지 모두 잘 알고 있다. 지금 우리는 미소의 심리치료적 가치를 보여주고 증명할 수도 있다."고 했다.

　그의 저서 '몸은 거짓말을 하지 않습니다.'에서 그는 미소가 미소 근육인 협골근과 가슴샘이 밀접하게 연결되어 있어 미소를 지으면 가슴샘이 강해져 건강한 면역체계를 만드는데 큰 역할을 한다고 했다.

　미소 짓기의 이점에 대한 보고들은 의학 분야와 비의학 분야에서 모두 논의 되고 있다.

　예를 들어 '미국의 오늘(USA Today)'에서는 크리스마스시즌 스트레스를 풀기 위해서 가능한 한 크게 미소 짓고, 몇 번을 그렇게 반복해 볼 것을 제안한다. 물론 웃는 게 꼭 크리스마스여야 할 필요는 없다. 읽는 것을 잠시 멈추고 10초 동안 미소를 지어 보자. 긴장이 완화되는 걸 느낄 때까지 웃는 얼굴 연습을 한 번이고 두 번이고 반복해 보자.

불교 선종의 지도자인 이반 란드는 근심이 생기면 새롭게 받아들이기 위해 반미소 기법을 사용한다. 그녀가 입요가라고 부르는 이것은 세 번 정도 숨을 쉬는 동안 입의 양끝을 살짝 올리는 것이다. 완전히 웃거나 크게 미소 짓는 것이 아니라 반만 미소 짓는 것이다.

> 란드는 처음에 반만 미소 짓기를 시작했을 때, 무언가를 기다리는 시간이 될 때마다 실행에 옮겼고, 정지 표시를 보거나 정지 신호를 받을 때마다 반미소를 지었다고 한다. 반미소 짓기가 자신에게 다른 무엇보다도 여유로움을 가져다준다는 것을 알았다. 그 여유 속에서 오늘 아침, 오늘, 이번 주, 심지어 어쩌면 이번 생애에 끝내야겠다고 생각했던 것들에 대한 자신의 기대, 행동, 속도로 감정이 복잡했을 때보다 훨씬 더 많이 깨닫고 있었다.

웨이트리스는 미소는 돈이라고도 말한다. 그들의 말에 따르면 미소를 지으면 더 많은 팁을 받는다고 한다. 병원에서 환자들은 미소 짓는 간호사가 그렇지 않은 간호사보다 그들을 빨리 낫게 해주는 느낌을 받는다고 한다. 또 마지막으로 편의점을 터는 도둑들은 점원이 미소 지으며 반갑게 인사하면 범행을 미루기도 한다고 밝힌바 있다.

웃음과 마찬가지로 미소는 전염성이 있다. 우울할 때 억지로라도 미소를 지으면, 에너지를 끌어올려 다른 사람들과 함께 웃게 되고, 기분이 좋아질 것이다. 흔히들 이런 말을 한다.

"미소는 돈을 들이지 않고도 많은 것을 얻게 한다. 미소는 주는 사람이 손해 보지 않으면서 받는 사람을 풍요롭게 한다. 미소를 짓는 그 순간만이 필요할 뿐이다. 때로는 평생 기억되기도 하는 그 순간만이 필요한 것이다."

웃음 배우기 실전 연습

실제로 인위적으로 미소를 만드는 것은 진짜 미소만큼이나 이롭다. 그러니 지금 당장 해보자. 미소를 지어 보자. 미소 짓고 있을 때 느낌이 어떤가?

이제, 얼굴을 찌푸리고 느낌이 어떤지 생각해 보자.

미소 짓는 것이 미소 짓지 않는 것보다 더 기분이 좋게 한다는 걸 알았을 것이다. 아마 조금 더 자주 미소 짓게 될 것이다.

아직도 미소 짓는 게 어렵다면, 버지니아 투퍼의 방법대로 한번 해보자.

6인치 널빤지를 미소 짓는 모양으로 잘라 고무 밴드를 붙여보자. 미소가 나오지 않을 때는 그 미소 모양의 널빤지를 얼굴에 쓰면 된다. 그리고 거울을 보면 널빤지 밑에 진짜 미소가 생길 것이다.

8

아이 놀이:
큰일도 대수롭지 않게 받아들이기

아이들은 어른들의 세계를 우리의 방식으로 보지 않는 뛰어
난 재주가 있다. 권위적인 요소들에 짜증이 나면, 아이들은
우스운 짓을 하며 에너지를 소모한다. 어른들은 좀 더 아이
같아지면 근심들이 별거 아닌 것이 된다는 걸 잊어버리고
있다. 반면, 아이들은 엄청난 걱정의 무게에 대해 전혀 깊이
생각하지 않는다.

– 콘라드 하이어스(Conrad Hyers, '재미있는 비전과 신앙(Comic

Vision and the Christian Faith)')

어느 날 오후, '파라볼라 잡지'의 리처드 루이스가 쓴 글이다.

일본식 음식점에 저녁을 먹으러 갔다. 6~7살쯤 되어 보이는
두 아이들 옆에 앉게 되었다. 아름답게 세팅된 테이블의 세
련된 분위기 속에서 아이들의 목소리가 분위기를 확 바꾸어
놓았다.

첫째 아이: "아까 저 아줌마가 냉장고 문을 열 때, 아줌마 얼굴이 왜 빨개진 거야?"
둘째 아이: "냉장고 안에서 샐러드드레싱을 봐서 그래."
활짝 웃는 사람, 크게 웃음이 터진 사람, 온화하게 미소 짓는 사람, 그 말을 듣는 순간 모두 웃기 시작했고 바로 세상은 다시 제자리로 돌아왔다.

절망적인 상황 속에서 아이들의 시각은 자신을 바로잡는데 큰 도움이 될 것이다. 아이들은 세상을 보는 매우 독특한 시각을 갖고 있다. 그들의 관점은 어른들에게 중요한 교훈을 가르쳐 준다. 고민을 즐기는 상상을 하면 마음이 가벼워질 것이다.
상상은 우리의 난관을 전환시키는 놀라운 도구이다. 아이들처럼, 불쾌한 상황을 즐기고 있다거나 주어진 업무를 놀이라는 상상을 해볼 수 있다.
아이들에겐 모든 것이 게임이다. 세상은 큰 놀이터이다. 노는 것은 아이들의 성장에 가장 중요한 요소이다. 우리는 자라면서 놀이를 통해 세상의 미묘함과 복잡함을 알아가게 된다. 성인이 되어서는 그 놀이가 정신적으로든 신체적으로든 세상을 살아가는데 도움이 된다는 사실을 잊어버린다. 놀이는 우리의 기분을 바꿔 힘든 상황에서 안도감을 주고, 심지어 해결책을 찾도록 도와준다.
힘든 일이나 어려운 상황을 게임처럼 생각하면 그것들은 바로 놀이가 된다. 세상과 그 안의 모든 것은 어른들의 놀이터가 되는 것이다.

'다 잘될 겁니다.'의 협력 작가, 오 칼 시몬튼 박사는 "놀이는 우리 삶에 필수적인 것입니다. 선택적인 것이 아니고 의무적인 것이라고 할 수 있죠."라고 말했다.

시몬튼은 놀이의 중요성에 확신을 갖고 암환자들에게 저글링을 가르쳐 주었다. 놀이를 하면 우리의 문제에 대해서 덜 생각하게 된다고 했다. 만약 자신의 병이나 그 외의 여러 가지 어려움에 대해 생각하고 있다면, 저글링을 하는 동안 공을 떨어뜨리게 될 것이다.

한번은 워크숍에서 사람들에게 강의실을 걸어 다니게 했다. 걸으면서 위아래로 뛰고, 그들의 핸드폰번호의 마지막 숫자를 외치게 하고 몸으로 알파벳 H를 만들게 했다. 이 운동이 끝난 뒤 방안에는 더 많은 웃음과 신선한 활기가 맴돌았다. 게임을 통해, 놀이가 우리의 기운을 얼마나 빨리 바꿀 수 있는지 알 수 있다. 짜증나게 하는 일들을 놀이처럼 즐기고 그것을 게임이라고 생각하면 괴로움으로 향해 있던 우리의 기운이 바뀌고, 사고가 자유로워지고 문제를 해결할 수 있게 된다.

세 아이의 엄마인 셰릴 톤 씨는 아이들이 자신의 난관을 해결하기 위해 게임을 이용하는 것을 자주 보게 된다고 한다. 가장 큰 딸이 4살이었을 때, 아이가 놀면서 친구 중 한 명하고는 한 번도 싸우지 않았다는 걸 알게 되었다. 그래서 하루는 딸에게 물어 보았다.

"이얏, 왜 아담이 놀러왔을 때는 한 번도 싸우지 않니?"

이얀이 대답했다.

"아담은 우리가 싸우려고 할 때마다, 재밌는 게임을 알려 줘요. 손을 같이 모아서 서로 미는 거예요. 그러면 웃겨서 절 대로 안 싸워요."

셰릴의 다른 두 아이들도 어떻게 두려움과 화를 놀이로 풀어내는지 보여주었다. 막내딸인 마리아나가 자전거를 배우기 시작했을 때, 자주 넘어지곤 했다. 하루는 둘째, 줄리안이 와서 막내 마리아나를 팔로 감싸 안고, 흔드는 모습을 보게 되었다. 그리고 나서 둘은 신이 나게 바닥에 발을 콩콩 찍어댔다. 줄리안은 셰릴에게 마리아나와 둘이서 막내의 무서워하는 마음을 털어내고 밟았다고 말해 주었다.

어른들은 아이들의 풍부한 상상의 세계가 아직 자신 안에도 있다는 사실을 잊고 있다. 문제에 새로운 시각을 제시하고 그에 대한 인식을 변화시키기 위해 상상력을 이용할 수 있다는 사실도 잊고 있는 듯하다.

아이들은 자신이 되고자 하는 모습이 되기 위해, 그들이 가고 싶은 곳으로 가기 위해 온갖 상상력을 동원한다. 당신도 우울할 때 아이들처럼 기분이 좋아지는 상상을 해볼 수 있다. 마음속에서 신나게 놀고 나면, 싫어하는 것은 머릿속에서 지워버리고 좋아하는 것만 생각하게 될 수 있다.

하루 종일 정부 공공기관에 관련된 업무를 하는 것이 당신의 직업이라고 상상해 보자. 갑자기 한 흥분한 사람이 와서 당신에게 소리를 지르기 시작한다. 긍정적인 태도를 잃지 않고 고함소리와 분노에 얽히지 않는 방법의 하나는 상상을 하면서 마음속으로 그 상황을 즐기는 것이다. 한 보호관찰 사무소의 안내원은 이런 사태가 종종 발생하기도 하는데 이럴 때면 그녀는 마음의 연극을 한다고 한다. 사람들을 동물의 한 종류라고 생각해 본다.

"사나운 곰처럼 달려들지 모르지만 저는 그들을 테디 베어라고 생각하고 부드럽게 대합니다."

가끔 마음속의 연극은 문제에 유머러스한 해결책을 제시하고 큰일도 대수롭지 않게 받아들일 수 있도록 도와준다.

예를 들어 어떤 사람들은 짜증나는 일을 게임이라고 재미있는 상상을 하곤 한다. 한 여성은 그녀의 직장 일을 게임처럼 생각한다고 한다. 자신만의 일정 할당량을 정해 놓고 그 양을 넘기 위해 노력한다. 자신이 달성한 판매에 대가로 자신에게 특별상을 수여한다. 상을 10번째로 받을 때마다, 자신에게 꽃 한 다발을 보낸다.

세미나 진행자 짐 펠리는 주차를 게임처럼 생각한다. 그는 주차할 공간을 찾는 게 어려울 땐 주차할 자리가 딱 하나 있고, 그걸 찾는 게 목표라고 상상한다고 한다.

한 남자는 뉴욕 위생관리 부서 파업기간 동안, 쓰레기 처리를 게임이라고 생각해 보았다. 그는 쓰레기를 예쁜 선물 포장용지에 포장해, 자신의 차 앞좌석에 놓고 차문을 열어두었다. 다음 날 예쁘게 포장된 쓰레기는 온데간데없었다.

재미있는 사고가 어떻게 문제를 해결할 수 있는지 이해가 잘 가지 않으면, 매달 '리더스 다이제스트' 사람들의 이야기에 귀 기울여 보자.

예를 들어 시카고의 한 의사가 주문하지 않은 넥타이를 택배로 받았다. 넥타이와 함께 이 편지가 함께 배달되었다.

"저희는 아주 근사한 넥타이를 당신에게 보낼 자유를 행사하고 있습니다. 이 넥타이들은 수천 명의 안목 있는 디자이너들에게 인정받았기 때문에 마음에 드실 거라 확신합니다. 20달러를 보내주시기 바랍니다."

어이가 없어진 의사는 답장을 보냈다.

"저는 20달러의 값어치가 있는 좋은 약품을 보내드릴 자유를 행사하고 있습니다. 이 약들은 수천 명의 환자에게 효력을 인정받았고, 이런 제 성의를 기쁜 마음으로 받아주실 것이라 생각합니다. 이 약들을 얼마 전 보내주신 넥타이 값으로 지불한다고 생각하시고 받아주시기 바랍니다."

다른 예로, 고속도로 경계에서 근무하는 고객 조사관은 자동차, 라디오, 선풍기 등등의 소리보다 더 큰 소리로 외쳐야 하기 때문에 가끔 목이 아프다고 적어왔다. 그리하여 그는 그냥 첫 번째 질문을 하면서 입모양만 만든다고 했다. 자동차 운전자들은 라디오나 엔진을 꺼야 하고, 창문을 내리고 그에게 다시 한 번 말해 달라고 한다고 한다.

코미디언, 돔 드루이스는, 아이들은 싫어하는 것은 굳이 하려고 하지 않는 경향이 있다고 말했다. 그는 한때 아무것도 웃기지 않던 시기가 있었다고 한다.

"모든 것은 뭔가 잘못돼 있었죠. 삶에는 희망이 없었고, 자신이 쓸모없게 느껴졌습니다."

아들이 그에게 크리스마스 선물로 뭘 받고 싶은지 물었을 때, 드루이스는 "행복. 네가 줄 수 있는 게 아니란다." 하고 말했다.

크리스마스 날 아들은 그에게 "행복"이라고 적혀진 널빤지 한 조각을 건네주었다.

아들이 말했다.

"아빠, 봤죠? 제가 아빠한테 행복을 줄 수 있다고요!"

아이들이 말하는 것에 어른들이 웃게 만드는 것은 바로 이런 독특한 관점이라는 것이다. 이것은 또한 어른들이 자신의 문제에 대해서 너무 심각하게 받아들이지 않도록 해주는 세상을 바라보는 순수한 시선이다.

주간 보호센터장인 게리 델루헤리 씨는 한 아이의 관점으로 인해 큰일도 대수롭지 않게 받아들이는 법을 배운 이야기를 해주었다. 센터에서 매년 해오던 다문화적인 저녁식사 행사가 열렸다. 부모님들과 아이들과 센터 직원들이 함께 센터를 통해 잘 어우러지기 위해, 서로의 능력과 다양성에 대해 좋은 이야기를 나누는 의미 있는 시간이다. 지난해 행사는 새로운 센터의 장으로 막 부임했던 때라 게리에게 다소 벅찼지만, 올해는 미리 준비하여 식사 동안 함께 이야기도 나누고, 여러 가지 생각을 하면서 편히 즐길 수 있었다.

초반에는 사소한 것에 문제가 생겼었다. 누군가 저녁식사 후, 발표에 사용될 영사기를 바닥에 떨어뜨렸다. 저녁식사가 끝날 때까지 아이들을 데리고 가서 놀아주기로 한 여자가 오지 않았다. 아이들은 가만히 있지 못하고 뛰어다니기 시작했다. 이 야단 법석 중에 한 할머니께서는 주차장에 차 좀 빼달라고 하셨다. 신경이 곤두서고 열이 받은 상태로 게리는 그 노인을 돕기 위해 주차장 밖으로 나갔다. 그리곤 건물로 다시 막 들어서는데, 한 꼬마아이가 계단을 막고 달려오다가 그에게 몸을 던졌다.

아이가 허공을 가로지르며 날아오는 순간 게리의 머릿속에 순간 번뜩, 다친 아이와 놀란 학부모님들, 그리고 "저것 봐, 저 남자는 우리 아이들을 통제는커녕 보호하지도 못해."라고 말하는 사람들의 모습들이 스쳐 지나갔다. 그러나 그는 본능적으로 팔을 뻗어 아이의 몸뿐만 아니라 아이의 흥분과 웃음까지 잡아버렸다. 순간, 그 끔찍했던 모습들은 다 녹아 없어졌다. 그 아이를 이리저리 흔들어주자 다른 아이들도 열광하기 시작했다. 그 모습은 지금 이것이 즐거운 행사라는 사실을 상기시켜 주었다. 아이의 웃음과 놀이가 문제를 해결한 것은 아니었지만, 게리의 관점을 바꾸어 놓았다. 그리고 그와 주변의 사람들은 저녁 행사 내내 더 기분 좋게 즐길 수 있었다.

'일의 즐거움(The Joy of Work)'의 저자 데니스 웨이틀리와 레니 위트는, 모든 일이 처음 해보는 일이라고 아이들처럼 생각하면서 하루를 보내야 한다고 말한다. 어른들이 무엇이든 즐기는 어린아이의 눈으로 세상을 보기 시작하면 삶은 모험으로 가득할 것이다. 반면 지나치게 심각한 눈으로 세상을 본다면 삶은 불행으로 채워질 수 있다.

나의 워크숍에 참가했던 한 여성, 앤은 난관에 부딪혔을 때, 작은 아들이 어떤 방식으로 그녀가 새로운 시각을 갖게 도와주었는지 이야기했다. 당시 그녀는 남편과 별거중인 상태였고, 사업도 문을 닫고, 차도 고장이 난 상태였다. 그녀가 더 이상 감당할 수 없겠다고 생각한 순간, 온수기가 터져버렸다. 큰 문제는 없었지만, 끔찍하게 엉망진창이 되어버렸다. 마음먹고 대청소를 시작하려고 하자, 어린 아들이 방으로 들어와 상황을 알아차리곤 소리 질렀다.

"와, 신난다! 새로운 모험이 시작됐다!"

어른들도 우리 안에 내재된 모험을 즐기는 아이 같은 마음과 세상을 보는 독특한 관점을 가져볼 수 있다. 우리는 모두 어린 시절이 있었고, 자신의 일부는 아직도 어린아이 같을 것이다. 마음속의 그 부분은 여전히 말하지 말아야 하는 것들을 말하고 싶어 하고, 도서관 복도에서 뛰고 싶어 하고, 신발을 벗고 모래 속에서 놀고 싶어 하고 있다. 아이들이 하고 싶은 대로 하는 행동들이 옳은 것은 아니지만, 자신을 자유롭게 한다는 면에서는 배울 점이 참 많다. 힘든 상황을 변화시키기 위해 상상력을 이용하건, 고통스러운 순간에 놀이를 이용하건, 아이들의 놀이는 10초면 어두운 시기를 밝게 변화시키기에 충분하다.

웃음 배우기 실전 연습

불교 선종의 가르침에는 아이들의 열린 마음과 비슷한 개념이 있다. 초심자의 마음이라고 불리는 것이 그것이다.

"초심자의 마음에는 무한한 가능성이 있고 숙련자의 마음에는 가능성이 그리 많지 않다."

아래의 연습은 난관을 아이와 같은 초심자의 마음으로 받아들이는데 도움이 될 것이다. 이 연습은 이미 언급되었던 놀이, 게임, 상상의 요소를 모두 복합시켜 놓은 것이다.

도저히 극복해 낼 수 없을 것 같은 힘든 일이 생겼을 때, 친구 몇 명을 모아서 당신의 문제에 대해 이야기해 보자. 아이들이 하는 놀이처럼 친구들에게 돌아가면서 말이 되든 안되든 생각나는 해결책을 말하게 해보자.

초심자의 마음의 모임에서 지켜야 할 몇 가지 규칙이 있다. 대답은 간단하고 사전이 숙고하지 않고 바로 떠오르는 것이어야 한다. 질문도 받지 않는다. 해결책이 얼마나 불합리하고 황당한지에 상관없이 모든 아이디어가 고려 대상이다. 재미있고 웃기는 생각은 환영이다.

내가 책을 위한 소재거리를 찾느라 힘든 시간을 보냈을 때, 몇몇 친구들과 함께 이런 시간을 가졌다. 아래는 당시 우리가 고안해 낸 해결책이었다.

- 혼잡한 시내 번화가에 "이리 와서 당신 이야기를 들려주세요."라는 테이블을 만들기
- 다단계 방식으로 이야깃거리 모집하기- 10명에게 각 10명에게 전화하도록 할 것
- 광고내기
- "저는 작가입니다. 이야기 좀 해주세요."라고 쓰인 배지 달고 다니기
- 전화 도청하기
- 사서에게 물어 보기
- 잠옷 파티 열기
- 아이들하고 이야기 나누기
- 택시 기사 아저씨하고 이야기하기

아이디어들을 점검해 보면서 어떤 것은 웃음이 나고, 어떤 것들은 너무 비현실적이었다. 구체적인 해결책이 나오지 않더라도 초심자처럼 모든 가능성에 마음을 열고 생각을 더욱 풍요롭게 할 수 있었기에, 이런 과정 자체는 정말 의미 있는 일이었다.

유의사항: 순식간에 이야기가 오고가니 동영상 녹화를 해둘 것.

9

난센스를 더하자

적당한 광기는 영구적인 뇌손상을 예방한다.

어른들은 종종 아이들에게 철 좀 들라는 말을 하곤 한다. 아마도 어른들이 할 수 있는 현명한 것들 중의 하나는 가끔은 철없는 행동을 하는 것이다. 아이들처럼, 가끔 말도 안 되는 일도 저질러보고, 말도 안 되는 말을 해보는 것이다.

난센스를 '웹스터의 신세계 사전'에서 찾아보면 나오는 의미 중의 하나는 "상대적으로 중요하지 않거나 가치가 없는 것"이다. 이 의미가 아마도 난센스에 대한 가장 정확한 설명이 아닐까 싶다.

하지만 눈물 나는 힘든 상황에 난센스는 우리가 그 진퇴양난의 상황에서 빠져나올 수 있도록 도와주는 중요하고 의미 있는 것이다.

책을 쓰면서 많은 유머전문가들에게 어떻게 하면 힘든 상황을 가볍게 받아들일 수 있는지에 대한 조언을 구했다. 몇몇 사람은 상황 속에서 모순을 찾는 것이라며, 모순을 찾기 위해선 우선 말도 안 되는 일을 해야 한다고 했다. 영화에서 장면의 급전환처럼, 문제에 관련된 말이 안 되는 일은 바로 장면을 전환시키고 생각의 초점을 바꿔줄 것이다.

　미시간의 한 재미있는 남자, 아트 페티그는 최전선에서 약간의 난센스로 극도의 불안을 이겨낸 경험담을 들려주었다.

　저는 한국에서 제1기병대의 전장 소총수로 지낸 적이 있습니다. 전장에서 프레드 볼트라는 친구를 만나게 되었는데, 저만큼이나 독특한 녀석이었습니다. 매일 아침 정신을 차리기 위해 혹은 얼마나 정신 나갔는지 확인해 보기 위해 프레드와 저는 각자의 참호에 뛰어 올라가, 맥닐의 라디오 프로그램, '아침에 만나는 사람들'의 주제곡을 부르곤 했습니다. 가사는 이렇습니다.
　"좋은 아침, 아침에 만나는 여러분, 당신에게도 좋은 아침이기를. 아침에 인사하려고 이렇게 일찍 활기차게 일어났죠. 프레드와 아트가 갑니다. 이제 시작합니다. 작별인사를 할 시간이네요. 다음에 또 뵙겠습니다. 아침에 만나는 사람들은 계속 됩니다."
　프레드와 저는 열정적으로 노래를 불렀습니다. 매일 아침 중국인들은 박격포를 퍼부어대고, 우리는 몸을 숨기기 위해 구멍 속으로 뛰어 돌아가곤 하느라 노래를 한 번도 끝까지 부른 적은 없었습니다. 어찌 됐건 이런 약간의 난센스는 견디기 힘든 상황을 극복해 내도록 도와주었습니다. 11월에 우리 둘은 부상을 입고 전쟁에서 살아남았습니다. 저는 그때 저희를 살린 건 유머감각이었다고 생각합니다.

유머작가, 호프 미할랍 씨는 요즘 집에서 눈물 나게 힘겨운 상황을 웃음으로 전환시키기 위해 이상한 말투를 사용한다고 한다.

집에서 누군가가 상대방을 화나게 하면, 문제를 일으킨 사람을 색다르고 독특한 방법으로 추궁하는 것이다. 이 방법은 화가 난 사람과 문제를 일으킨 사람 모두 웃게 하고 결국 모두 그렇게 심각한 일은 아니라는 사실을 짚어주는 것이다.
예를 들어, 오늘 회사일이 너무 힘들었고, 저녁식사 후 한바탕 전쟁이 휩쓸고 간 듯한 주방의 청소를 겨우 마쳤다.
남편이 이 사실을 까맣게 잊어버리고 "여보, 내일 애들 학교에 싸갈 도시락 안 만들어?"라고 말하면, 눈물을 펑펑 쏟아버리거나 한마디 쏘아붙일 것이다.
"계속 주방에만 있었던 거 못 봤어요?"
하지만 나는 '볼가 뱃사람의 노래'를 부르면서 노래가사, "내가 노예로 보이니?"라는 가사에 맞추어 몸을 꼽추로 만들고 비틀거리며 지나갈 것이다.
이런 행동에 대한 반응은 늘 긍정적이다.

⑴ 웃는다

⑵ 진심 어린 사과

⑶ 도와준다

운이 좋으면 세 가지 반응을 모두 얻을 수 있다.

난센스는 직장에서도 동료들과 상사와의 관계가 친밀하고, 타이밍만 적절하다면 효과적인 도구가 될 수 있다. 아래 세 가지 방법을 조심스럽게 실행에 옮겨보자.

● 직장에서 일이 잘 풀리지 않을 때 "경가극의 날"을 시작해 보자. 1~2분간 서로에게 노래를 불러주는 것이다.

● 화장지에 지난주에 당신을 화나게 했던 모든 사람들의 이름을 적어 보자. 주말이 되면 화장실 변기에 내려 보낸다.

● 하고 싶은 온갖 욕을 쭉 써본다. 그리고 하나씩 번호를 매기자. 다음에 화가 나는 일이 생기면 3가지 번호를 골라 그 번호에 해당하는 욕을 소리쳐보자.

마지막 방법은 어느 장관이 사용했던 방법과 비슷하다.

그가 접시를 깬다거나 발등을 찧는 등 고통스러운 상황이 오면, 그는 소리 지른다.

"그랜드 쿨리!"

사람들이 대체 그랜드 쿨리가 무슨 뜻이냐고 묻자, 그가 대답했다.

"그랜드 쿨리는 세계에서 가장 큰 댐(dam:젠장)이오."

매일 같은 일상이 계속 반복되다 보니, 가끔 그 일상이 지독하게 지루하게 느껴진다. 같은 길로 출근하고, 같은 일을 하고, 똑같은 사람들과 점심식사를 하고, 심지어는 같은 종류의 샌드위치를 먹기도 한다. 자연스럽게 따분한 일상에 실망감을 느끼게 된다. 뭔가 다른 것을 해보자. 반복적인 일상의 약간의 난센스는 기분을 좋게 하는 효과가 있다.

내일 다른 방향으로 침대에서 일어나는 것으로 하루를 시작해 보자. 원래 사용하던 손의 반대 손으로 아침을 먹어 보자. 엘리베이터를 타고, 항상 내리는 층에서 한 층 아래나 한 층 위에서 내려 보자. 한 층을 걸어올라 가거나 내려 가보자. 언덕을 뒤로 올라가 보자. 기도 전화를 걸어 말다툼을 해보자. 생일이 아닌 날에 모두에게 생일이라고 말해 보자.

말도 안 되는 일을 해야 할 것 같나요? 오늘 밤 저녁식사에서? 내일 아침 직장 사무실에서? 닐 앤더슨의 '하하 책(The Ha Ha Book)'에서 발췌된 아래 문단을 한 번 크게 읽어 보자.

하히히히, 하호하! 하호호호히 호히호히호하.
하호히히하하 호하히호하.
하호히히히히, 하호호호하호호. 하히호호!

직장에서 혹은 집에서 힘든 하루를 보내고 있고 육체적 스트레스를 풀어줄 난센스가 필요하다면, 일어나서 탭댄스를 취보자. 캘리포니아의 대학 관리자, 샤론 피터슨은 탭댄스가 눈물 나게 힘든 상황에 도움이 된다고 한다.

"탭댄스는 못 춰도 우울해지지는 않는다."

프레드 에스테르를 흉내 낼 기분이 아니라면 아마 아래와 같은 약간의 난센스가 도움이 될 것이다.

맷 웨인스테인과 조엘 굿맨의 놀이 행사(Playfair)를 본뜬 이 난센스는 모든 이를 웃게 하고 당신에게도 도움이 될 것이다. 아무것도 마음대로 되지 않는 다고 느껴질 때, 부정적인 생각들이 긍정적인 마음을 짓누르고 있을 때, 친구에게 작은 도움이 필요할 때, 이런 상황에는 기립박수를 쳐달라고 요청해 보자. 다음에 저녁식사 요리를 다 태우게 되면 일어나서 소리치자.

"방금 음식을 태워버렸어요. 박수 부탁드립니다!"

작가 웨인스테인과 굿맨은 이 방법을 사용하면 오랫동안 기억에 남는다고 한다.

"종종 학생들이 식당에서 테이블로 올라가서 '나는 물리시험을 끝냈다. 박수 부탁드립니다.' 라고 소리를 지른다고 한다. 그리곤 학생들이 만들어 내는 우레와 같은 휘파람 소리와 환호소리, 테이블 두드리는 소리로 식당이 떠나갈 듯해진다고 한다."

또 일이 잘되지 않을 때마다 기립박수를 요청하는 버릇이 생기면, 굳이 기립박수를 다 같이 치지 않아도 '박수' 라는 말만 해도 웃음이 터지고 기분이 풀어진다.

또 다른 난센스 기법은 연극 영화계와 관련된 것이다. 어떤 영화나 연극에는 연기자가 극중 인물에서 잠깐 벗어나, 관람자들에게 말을 건네는 "방백"이라는 것이 있다.

여기 이 방백이라는 것이 어떻게 활용되는지 알아보자. 당신의 4살 난 아이가 거실로 와서 시리얼 그릇을 새로 산 카펫에 엎질렀다고 상상해 보자. 상상의 관람객들에게 돌아서서 당신 자신의 인물 역할을 잠깐 멈추고 화를 누그러뜨려 보자.

"얘는 왜 여기서 시리얼을 엎지르고 이러는 거죠? 당신 집에 한 일주일 데리고 가지 않으시겠어요? 몇 년도 괜찮고요. 아예 평생은 안 될까요?"

아니면 "어머니께서는 제게 이런 날이 올 거라고 하셨죠. 이래서 앨리스 이모가 아직도 결혼을 안 하고 있나 봅니다."

정면 대결을 피할 수 있기 때문에 방백은 말다툼을 할 때도 효과적이다. 적당한 타이밍에 돌아서서 당신만의 가상 관객들에게 물어 보자.

"이 여자가 뭐라고 말했는지 들었어요? 믿어지세요? 농담하지 말라고 하세요."

또 하나의 난센스 기법은 과장된 편지와 비슷한데 여기선 편지만 쓰는 게 아니라 그 편지에 답장하는 사람 역할도 해야 한다. 아이가 카펫에 우유를 엎지르면, 엄마는 아들에게 편지를 쓰고 아이로부터 오는 답장도 써보는 것이다. 아니면 하느님께 편지를 쓰는 것도 좋겠다.

하느님께,

어떻게 이리 잔인하실 수 있으신지요? 오늘 하루 종일 거실의 카펫을 청소했습니다. 그런데 카펫이 마르기도 전에 4살 난 아들 이안이 거실로 와서 시리얼이 담긴 우유 그릇을 온 카펫에 엎질러 버렸습니다.

버니스 올림.

우유의 노예여.

나를 용서하세요. 오늘 하루는 그다지 기분 좋은 하루가 아니었어요. 사고도 없는데 계속 차가 밀리고, 기상예보대로 천둥을 때리지도 못했군요. 이젠 다우지수를 떨어뜨리는 일에 싫증이 났어요.

그래서 이안이 가득찬 시리얼 그릇을 들고 당신의 눈부시게 깨끗한 거실에 들어가는 것을 봤을 때 은하수를 하나 더 만들어야겠다고 생각했어요. 재밌는 일이라고 생각했지만 전혀 재밌게 생각하지 않았다니 유감이에요. 내가 무슨 말을 할 수 있겠어요? 이미 엎질러진 물이라는 식상한 위로밖에는 해줄 말이 없군요.

사랑하는 하느님 드림.

추신. 나 대신 이안을 한 번 꼭 안아주셨으면 해요.

여배우 헬렌 헤이스는 가족이 난감해질 뻔했던 상황을 어떻게 난센스로 풀어나갔는지에 대한 이야기를 한 적이 있다.

헬렌은 저녁을 준비하면서 가족들에게 "저 칠면조 요리 처음 해보는 거예요. 조금 맛이 없어도 아무 말 하지 마세요. 아무 말 없이 그냥 자리에서 일어나서 저녁 먹으러 음식점으로 가요."라고 미리 경고했다.

5분 정도 뒤에 그녀가 주방에서 나왔을 때 가족들은 이미 코트를 입고 모자를 쓰고 식탁에 앉아 있었다고 한다.

또 한 예로 몇 년 전에 난센스가 한 사람의 우울증을 극복하게 해준 일을 본 적이 있다.

동부해안지방의 한 친구는 사랑하는 사람을 잃고 우울증에 빠져 있었다. 기분 전환 좀 시켜줄 겸 샌프란시스코로 그 친구를 초대했다. 몬터레이를 나오면서 캘리포니아 연안의 사진을 찍고 있는 여행객을 만났다.

나는 카메라를 가져오지 않았지만, 사진을 찍는데 문제가 되지 않았다. 친구에게 바다 옆 바위에 서보라고 하고 상상의 카메라 셔터를 눌러댔다.

가상의 사진을 찍고 있는데 내 앞을 지나가려던 한 여자가 사진 찍는데 방해가 되지 않으려고 공손하게 몸을 수그리고 지나갔다. 당황한 그녀의 남편이 나와 친구를 쳐다보았지만 카메라는 보이지 않았다. 하지만 그 남자도 별말 없이 몸을 수그리고 우리 앞을 지나갔다.

친구와 나는 아직도 그 이야기를 하면서 웃고, 만날 때마다 가상의 사진을 찍곤 한다.

'유머: 신의 선물'에서 목사인 탈 본햄은 난센스 덕분에 심

176

각한 우울증으로 병원생활을 해온 자신의 부인과 그녀의 친
구들 사이의 어색함을 풀게 된 이야기를 해주었다.

우울증!
나는 사실 내 아내가 다시 웃게 될 날이 올까 하는 의문이 들
었다.
그날 병원에서 집으로 오는 길에 거울을 보더니, 아내가 소
리쳤다.
"헉, 나 마귀할멈같이 생겼어요!"
"뷰티 숍에 가면 사람들이 몰라보게 예뻐지게 관리해 줄 거
야." 하고 그녀를 안심시키고는, "친구들이 전화하면, 한 가
지 문제 빼고는 병원에서 아주 좋아져서 나왔다고 말해 줄
게." 하고 말했다.
그녀가 물었다.
"그 한 가지 문제가 뭔데요?"
"당신이 이제 자기가 마녀라고 생각하고 집에서 걸레 자루를
타고 다니려고 한다고 말해 줘야겠소!"
그녀가 웃으며 그렇게 해보지 않겠느냐고 했다.
"진심이에요?"
"진심이지. 그러면 좀 덜 어색할 것 같네. 사람들은 마음에
병이 있는 사람들한테 무슨 말을 해야 할지 잘 모르는 것 같
더라고." 하고 덧붙였다.
그날 저녁 이후, 한 친구가 전화해서 다른 친구와 함께 집사

람을 보러 와도 되겠냐고 물었다.

나는 대답했다.

"네, 물론이죠, 환영합니다."

친구가 물었다.

"네, 근데 아내는 괜찮나요? 후유증은 없나요?"

나는 계획한 대로 안타까워하며 말했다.

"잘 치료받고 회복했는데, 후유증이 하나 남았네요. 시도 때
도 없이 자신이 마녀라는 말을 한다는 것 말고는 괜찮습니
다."

"자기가 마녀라고 생각한다고요?"

친구는 수화기에 대고 소리쳤다.

"네 가끔씩 펄쩍 뛰고는 주방으로 달려가 빗자루를 집어 들
어 방에서 빗자루를 타고 다닙니다. 오래 타지는 않아요. 집
에 오셨을 때, 주문을 외우면 그냥 조용히 앉아서 아무 일도
아닌 것처럼 행동하시면 됩니다."

잠시 후 저녁에 아내의 친구들이 고맙게도 선물과 먹을거리
등을 사갖고 집에 왔다. 아내는 병원생활에 대해 별로 말하
고 싶지 않아 하는 듯해 보였다. 그리곤 소파에서 일어나 주
방으로 걸어갈 때 그녀의 눈이 반짝이는 것을 보았다.

진짜 그렇게 하려고 하는 것이었다.

친구들은 주방에 등을 돌리고 앉아 있었고 난 주방을 향해
앉아 있었다. 아내가 빗자루를 타면서 사탕을 훔치려고 사탕
상자의 뚜껑을 막 열기 시작하는 아이처럼 나를 향해 미소

지었다.

"이랴!"

아내는 소리치면서 주방에서 빗자루를 타고 나와 친구들 앞에서 유턴을 하고는 냉장고를 향해 달려갔다. 아내가 자신의 애마를 주방 구석에 고이 넣어두자, 친구들은 아내가 움직일 때마다 눈을 떼지 못했다. 친구들은 계속해서 다른 이야기를 하고 있었지만, 그들의 눈과 관심은 온통 아내와 빗자루에 쏠려 있었다.

그녀가 소파로 돌아오자 친구들은 이상하게 조용해졌고 아무 말도 하지 못했다. 마침내 아내와 내가 이 모든 것의이 어색함을 없애기 위한 계획이었다고 설명하자 모두 함께 웃음을 터뜨렸다. 그 후에 즐거운 수다시간을 가졌다.

커뮤니케이션 전문가인 진 웨스트콧은 그녀와 동료 두 명이 한 대기업 백화점으로부터 로고 디자인을 부탁받았을 때 이야기를 해주었다.

할 수 있는 만큼 해보았지만, 아무 디자인도 승인을 받지 못했다. 좌절감이 커질수록 아이디어는 점점 사라져 갔다.

그때 한 명이 우스꽝스러운 로고를 그렸고, 다 같이 정말 터무니없는 로고를 그리면서 장난을 치기 시작했다. 로고를 보며 실컷 웃고 나니 스트레스가 어느 정도 해소되었고 다시 활기차게 일을 시작할 수 있었다. 그런 과정을 통해 로고 디자인을 잘 완성해 낼 수 있었다.

한 간호사는 환자에게 관장약을 투여했는데 아무런 반응이 없어 난센스로 상황을 대처한 이야기를 해주었다.

한참을 기다렸는데도 아무 변화가 없어 관장약을 하나 더 처방했다. 다시 기다려보았지만 여전히 아무 변화가 없었다.

난감해서 어찌 할 바를 몰라 하다가, 간호사는 환자의 티셔츠를 집어 들고 치어리더들이 하는 것처럼 대변, 대변! 하고 소리쳤다.

환자는 배꼽 빠지게 웃음을 터트렸고, 간호사는 결국 원하는 결과물을 얻을 수 있었다. 이렇게 말도 안 되는 행동은 가끔 말이 되기도 한다.

웃음 배우기 실전 연습

이번 연습은 자신의 문제에 새로운 시각을 갖는데 도움이 될 약간의 난센스를 이용해 보는 연습이다. 지금 가지고 있는 몇 가지 어려움이나 문제나 고민들을 확인해 보자. 작은 손해나 짜증부터 시작해 보자.

지금 당신을 짜증나게 하는 것 아무거나 한번 크게 말해 보자.

예를 들면, "우리 남편은 더러운 빨래거리를 절대 바구니에 안 담아 놓는다."

그리고 바로 다음의 단어 중 하나를 반복해 보자.

"하하", "호호", "히히."

위 단어 뒤에 몇 마디를 여러 가지 표현을 하면서 말해 보자.

두 개를 붙여서 하면 이런 식일 것이다.

"우리 남편은 더러운 빨래거리를 바구니에 절대 안 담아 놓는다, 히히."

자기의 문제를 말하고 장난을 쳐보니 우스꽝스럽지 않은가?

바로 그거다! 상상 속에서라도 자신의 문젯거리들을 가지고 놀 수 있을 때, 그 문제들로부터 해방되고, 신경 쓰지 않을 수 있게 된다.(이 방법은 웃음치료 전문가 아네트 굿하트의 치료법에서 인용되었다.)

10

말장난

앨리스가 말했다.
"문제는, 그 말이 여러 가지 의미를 가질 수 있다는 거야."

 – 루이스 케롤(Lewis Carroll, '거울 속의 앨리스(Alice Through the
Looking-Glass)')

　별거 아닌 것처럼 보이지만 말 한마디는 행동에 큰 영향을 미친다. 한 연구 결과에서는 유머감각이 있다는 말을 들으면 실제로 그렇건, 그렇지 않건 상관없이, 그런 말을 듣기 전보다 웃긴 말이나 행동을 더 많이 한다고 한다.

　작가인 버논 하워드는 그의 저서에서 수첩에 아름답다고 생각하는 단어들을 적는 남자에 관한 이야기를 한 적이 있다. 그 수첩에는 기쁨, 사랑, 크리스털, 꽃, 반짝이다와 같은 단어들이 있었다. 매일 아침 남자는 그의 리스트에 있는 12개 정도의 단어들을 읽곤 했다. 하루 동안 기회가 생기면, 사람들과 대화를 할 때 그 단어들을 사용했다.

　한번은 그가 친구에게 "장밋빛으로 쓰인 단어들을 보니까

내 자신이 장밋빛으로 변하는 것 같아."라고 말했다고 한다.

아래 단어들을 천천히 읽어 보자.

불행한　　침울한
화난　　　어두운
눈물　　　침울한
우울한　　슬픈
시무룩한　음울한
절망적인　비참한
암울한　　칙칙한
비애　　　좌절감

이것들이 당신의 기분을 어떻게 만드는가?

이제 아래의 단어들을 읽어 보자.

기쁨　　　쾌활한
유쾌한　　즐거운
농담　　　흥겨움
킥킥대다　기분 좋은
행복한　　재미있는
웃음　　　명랑
반가운　　신난
우스운　　웃긴

두 번째 단어 리스트를 듣고 첫 번째 단어 목록을 들었을 때와 다르게 느꼈는가?

많은 사람들이 말하듯이, 생각하는 대로 느낀다면, 우리를 괴롭히는 것들을 다시 생각하고 새로운 이름을 붙여줄 필요가 있다. 문제에 새로운 이름을 붙이면 우리가 문제를 보는 시각을 변화시킬 수 있다. 바뀌는 것은 단순하게 상황에 붙여진 새로운 이름뿐이지만, 상황을 재설정하기 때문에 그 영향은 어마어마하기도 하다. 사진의 액자가 중요한 역할을 하듯이, 문제의 틀을 바꾸면 그것 역시 달라 보인다. 같은 선물이어도 찢겨지고 지저분한 신문지에 포장된 선물을 받는 것과 금색 포장지와 리본으로 예쁘게 포장된 선물을 받는 것이 극과 극인 것과 같은 이치이다.

텔레비전이 자주 고장 나면, 문제에 집착할 수도 있고, 해결하기 위한 방안을 모색해 고치려고 해볼 수 있다. 이때 텔레비전을 오래된 친구라고 부르면, 고장 난 텔레비전에 화를 내는 대신 껄껄 웃어 볼 수 있을 것이다.

기분이 안 좋은 사람과 일을 할 때는 어떻게 하면 좋을까? 그러면 그 사람에게 "과자"나 "호박파이", "로즈버드"라는 나만의 닉네임을 붙여주자. 점심시간에 남의 불평을 들어주는데 지쳤다면, 흡연 가능, 흡연 금지 문구를 불평 가능, 불평 금지 문구로 바꿔보자.

나는 이 책을 쓰면서 고통스러운 시기를 겪은 적이 있다. 하루는 아침에 약간 글쓰기 난해한 단락을 마무리 짓고 나서,

실수로 컴퓨터의 다른 키를 누르는 바람에 방금 쓴 글 전부가 순식간에 지워져버렸다. 잃어버린 것에 낙담했지만 그 상황을 변화시키기 위해 웃음을 이용하기로 했다. 몇 주가 지나고 만나는 모든 사람들에게 이제 더 이상 글을 쓰는 사람이 아니라고 했다. 나는 이제 글을 지우는 사람이라고 말했다.

한 가족은 12마리 강아지 중 몇 마리를 팔기 위해 개명 전략을 이용했다. 처음에 종이에 광고를 냈다.

"사랑스러운 강아지들 드립니다."

몇 주가 지났지만 강아지를 얼마 팔지 못했다.

그들은 전략을 바꿔 새로운 광고를 냈다.

"못 생긴 강아지 한 마리와 예쁜 강아지 여덟 마리 드립니다."

이틀 안에 못생긴 강아지만 9마리를 팔게 되었다.

간호사인 조안은 그녀의 업무에 대해 말장난하면서 업무로 인한 부담감을 줄일 수 있었다고 한다. 처음엔 자신이 하는 일이 정말 우울한 일이라고 생각했다. 중증으로 아픈 사람들이 더 나아져서 떠나거나, 죽어서 떠나거나 할 때까지 그들을 돌보는 것이 그녀의 일이었다. 자신의 직업에 대한 설명을 다시 써보고 나서, 그녀는 자신의 직업에 대해 새로운 정의를 내렸다.

"나는 몸 긁어주는 사람, 찜질해 주는 사람, 선 연결자, 요강 날치기꾼."

많은 사람들은 나이를 먹는다는 것에 굉장히 민감하다. 나이가 들수록 모든 것은 낡아지거나, 떨어지거나, 줄어들거나, 떨어져 나간다. 자신이 한 해, 한 해 나이 들어간다는 사실을 유머로 재해석하는 것은 현실을 조금이나마 완화시키는 하나의 방법이 될 수 있다. 지나치게 걱정하지 않고 사실을 인정하는 것이다.

조지 번스 씨는 자신의 지난해를 생각해 보면서 항상 웃는다.

"80세는 아름다운 시기이지. 작은 것에도 행복해지지만 가끔은 행복할 것도 없는데 행복하다고 생각하고 있더라고."

누군가 85세가 되면 어떤 느낌이 드는지 번스 씨에게 물었다.

그는 "내가 85세라고 느껴지면, 그때 알려주겠네."라고 대답했다.

70세 친구인 도로시 던칸 씨는 늙음과 관련된 더 많은 단어들이 필요하다고 생각한다. 노화와 관련된 단어들이 변화하는 것을 보고 싶다고 했다.

노화의 생명력을 믿는 자로서 그녀는 은퇴의 정의를 "은근히 퇴근하기"로 바꾸어 버렸다. 게다가 그녀는 자신을 고령자라고 생각하지 않는다.

그녀는 20~30대들도 고위 부통령, 고위 직원, 고위 파트너처럼 고자가 들어가는 말을 듣기 때문에, 나이 든 사람들에게는 아무 의미가 없다고 한다. 도로시 씨는 나이 든 사람들을 위한 적당한 단어는 성숙된 사람이라고 생각한다.

그녀는 "성숙된 사람은 나이에 관계없으면서, 숙성된 와인 같고, 매년 더욱 좋아지죠."라고 했다.

한 성숙한 사람의 집에서는 휠체어가 필요하거나 걷지 않는 사람들과 반대로 이리저리 걸어 다니는 사람들의 능력에 대해 다른 단어를 사용한다. 식당에는 2가지 문구가 있다. 지팡이가 필요하신 분과 혼자 걸으시는 분.

사람들이 하는 말을 그대로 받아들이는 것은 우리의 마음의 짐을 덜기 위한 또 다른 말장난 기법이 될 수 있다.

예를 들어 한 사람이 "오늘 아침에 너무 좋은 일이 생겼어요. 한 남자가 문을 두드리기에 누구냐고 물었더니, 그 남자가 납부고지서 때문에 왔다고 하더라고요. 그래서 그 남자한테 모아뒀던 고지서 한 뭉치를 꺼내줬죠."

우리 대부분은 그 수금원의 목적을 잘못 이해할 만큼 멍청하진 않다. 하지만 이 이야기에는 새겨들을 만한 교훈이 있다.

말 그대로 그 의미를 받아들이는 것은, 말 그대로 하루를 구할 수 있는 유머를 가져온다.

예를 들어, 계속 걸려오는 텔레마케팅에 화를 내다가 이내 그 사람들이 빨리 끊게 만드는 재미있는 방법을 발견했다.

그들이 묻는 대로 그대로 대답하는 것이다. 주로 내가 기분이 어떤지, 잠깐 통화할 시간이 있는지 묻는 걸로 시작한다.

나는 "네, 괜찮습니다."라고 답하고 "네, 있습니다."라고 대답한다.

그리고 시계를 보고 시간을 잰다. 1분이 다됐을 때, 만약 그 사람들이 파는 것에 관심이 없으면, 그들이 하던 말을 끊고 그들에게 잠깐의 시간이 다되었다고 말하고 전화를 끊는다.

진 웨스트코트의 직장 상사는 회의를 하러 갈 때마다 사무실에 긴급 상황이 생기면 전화번호를 남겨달라고 당부하곤 했다고 한다. 그녀의 업무는 조직의 장기 계획 수립 업무이기 때문에, 그것은 말도 안 되는 당부였다. 10년 동안 일 해오면서, 긴급 상황은 한 번도 없었다. 그럼에도 불구하고 그녀의 직속상관은 자리를 비우면 전화번호를 보내달라고 했다. 그녀는 결국 상사가 시킨 그대로 실행함으로써 문제를 해결할 수 있었다. 그녀는 상사가 볼만한 곳에 번호를 남겼다. 그 전화번호는 기도 전화의 전화번호였다.

또 다른 예는 말 그대로 하는 유머를 이용해 굉장히 바쁜 경영 간부를 만날 수 있었던 한 남자의 이야기이다.

그 남자가 피처 씨를 만날 수 있냐고 물으면 항상 비서가 전화를 차단하고 피처 씨를 바꿔주지 않았다. 이번은 달랐다.

그 비서가 "어디서 전화주시는 건가요?"

그가 대답했다.

"저는 피처 씨와 통화를 하고 싶은 사람입니다."

비서는 바로 그를 연결해 주었다고 한다.

대부분 말 그대로 하는 농담은 안전한 농담이다. 다른 사람을 불쾌하게 하지 않으면서 당신이 말하고자 하는 것을 말할 수 있다. 텔레비전 탤런트인 아서 갓 프레이는 끈질긴 기금 모금자를 떼버리기 위해 이 방법을 사용했다. 기금 모금자가 그에게 여러 번 보내준 모금회 가입 추천서들을 왜 보지 않았냐고 묻자 갓 프레이가 대답했다.

"당신이 보내준 편지의 편지지에는 '아무개 씨로부터' 라고 쓰여 있던데, 저는 씨앗과 대화하지 않습니다."

여배우 캐롤 채닝은 지나치게 호기심 많은 한 팬에게 같은 방법을 썼다.

그녀의 열성팬이 물었다.

"가장 당황스러웠던 때가 언제인지 기억나십니까?"

캐롤이 말했다.

"네 기억납니다. 다음 질문 있으십니까?"

말 그대로 하는 농담은 두 가지 종류로 나눠질 수 있다. 첫 번째는 누군가 당신에게 뭔가를 말하거나 질문을 했을 때 의도하지 않게 잘못 해석하는 경우이다. 이런 상황은 무의식중에 발생되고 주로 나중에서야 알아차리고 웃는다.

한 예로, 한 여성이 다소 바람 부는 날, 차를 탄 채 서비스를 받는 은행 창구에서 있었던 일에 대한 이야기가 있다.

창문을 열어 돈을 입금하기 전에 직원이 "수표 위를 눌러주세요."라고 했다.

그녀는 왜 직원이 이런 걸 하라고 하는지 이해할 수 없었지만 하라는 대로 수표의 정중앙을 엄지손가락으로 꾹 누른 후 건네주었다.

은행을 나와 운전을 하고 돌아가면서, 직원이 수표를 주기 전에 누르라는 게 아니라 수표가 날아가지 못하게 잡아 달라는 말이었다는 걸 알아차리고는 배꼽 빠지게 웃었다.

말 그대로 하는 농담의 다른 종류는 의도적으로 무언가를 잘못 해석하는 경우이다.

예를 들어 음식점에서 여종업원이 통상적으로 뭐 더 필요한 게 없는지 물으면 당신은 "네, 재규어 자동차하고 새집, 그리고 당첨 확정된 복권 티켓이 있었으면 좋겠네요."라고 대답할 수 있다.

분위기를 재미있게 하거나 돈독한 관계를 만들기 위해서 말 그대로 하는 농담을 하기도 한다.

하지만 정말 힘든 시기에 말 그대로 하는 유머의 진정한 가치는 분노와 스트레스를 가라앉혀 줌으로써 빛을 발한다.

그루초 막스는 싫어하는 사업적인 딱딱한 서신상 진부한 표현을 재밌게 하기 위해서 은행에서 보낸 편지를 일부러 다르게 해석했다.

그가 은행 지점장으로부터 받은 편지에는 "저희가 도움이 될 수 있는 일이라면 망설이지 마시고 전화주시기 바랍니다."라는 문구가 있었다.

막스가 답장을 썼다.

"안녕하십니까? 당신이 저에게 가장 큰 도움이 될 수 있는 일은 당신의 부자고객의 계좌에서 돈을 빼서 제 계좌로 넣어주시는 일입니다."

한 노년 여성이 짜증을 즐거움으로 바꾸기 위해 말 그대로 생각하는 유머를 사용했다. 많은 세월이 흘렀지만 그녀는 여전히 젊었을 때 모습을 그대로 유지하고 있었기 때문에 사람들은 늘 그녀의 나이를 묻곤 했다. 그리고 놀랐다며 너무 어려 보인다는 반응을 계속해서 들어왔다. 이젠 듣기도 싫은 소리였다. 누군가 그녀의 나이를 물어 보면 로마 숫자(LXXVI)로 간단히 대답한다. 올해 그녀는 76세이다.

말 그대로 받아들이는 농담의 기술을 쌓기 위해서는 우선 편지지나 카드 가게로 가야 한다. 간단한 말을 바꿔 해석하면 어떤 유머가 될 수 있는지 찾아보자.

지금 오늘 하루 동안, 말을 그대로 받아들임으로써 지나치게 심각한 상황을 어떻게 전환시킬 수 있을지 생각해 보자.

웃음 배우기 실전 연습

이번 연습은 당신의 고민들에 새로운 이름을 붙이고, 재해석하는데 도움이 될 것이다.

'모든 것은 가볍게(Light Management)'의 저자, 밥 바쏘 박사는 '나만의 용을 그리자' 라는 방법을 제안한다.

종이와 크레파스를 이용해 당신을 힘들게 하는 사람의 터무늬없는 그림을 그려보는 것이다. 그 그림에 웃기는 이름을 붙이고 누군가와 싸우기 전에 그 그림을 보자.

바쏘 씨의 방법과 관련된 방법이 하나 있는데, 나는 "싫어하는 괴물 이름 짓기"라고 부른다.

당신의 성질을 돋우는 무생물 물체를 찾아서 웃기는 이름을 붙여주는 것이다.

컴퓨터 일곱 대로 일을 하는 한 남자는 컴퓨터에 모자를 씌우고 스카프를 두르고 일곱 난쟁이의 이름을 붙여주었다. 그에 의하면 가끔 컴퓨터들이 이름처럼 행동하기도 한다고 한다.

"멍청이, 고약한, 졸린" 등등.

당신도 컴퓨터가 다운되면 컴퓨터에 검은색 옷을 뒤집어씌우거나 명령한 대로 실행되지 않으면 강아지를 교육시키듯이 대할 수도 있다.

"앉아!, 가만있어!, 저리 가!" 등.

11

내려놓음

두 스님이 함께 길을 걷다 개울가를 건너려고 하는 여인을 발견했다. 한 스님이 여인에게 다가가 그녀를 들쳐 업고 개울을 건너도록 도와주자 다른 스님이 몹시 놀라워했다. 한 1마일쯤 걸어갔을 때 동료 스님이 말했다.

"우리는 금욕자입니다. 우리는 심지어 여자를 보는 것조차 안 되고, 들쳐 업고 개울을 건너는 것은 더더욱 안 되는 일입니다. 어떻게 그런 짓을 하셨습니까?"

그 말을 들은 스님이 대답했다.

"나는 1마일 뒤에 이미 그 여자를 내려놓았는데, 당신은 아직 그 여자를 업고 있습니까?"

우리가 자신의 화와 근심, 실망을 내려놓지 않으면 그런 감정들은 어깨를 누르는 짐이 된다. 그 무게는 우리가 웃지 못하는 원인이 된다. 삶의 활력을 얻기 위해서 주변 상황에 괴로워하는 것을 멈추고 우리에게 주어진 것을 받아들여야 한다.

심리학자인 하비 마인데스는 그의 저서 '웃음과 자유로움(Laughter and Liberation)'에서 "우리는 맹목적이지 않고 자만

하지 않으면서도 적당한 관용과 웃음으로 삶과 자신을 받아
들이는 법을 배워야 한다. 끝이 있음을 받아들이는 것은 그게
합당하고, 이치에 맞는 일이고, 만족할 만한 일이기 때문이
아니라, 단순히 받아들이는 것 외엔 다른 방도가 없기 때문이
다.

　웨인 다이어 박사는 "아기가 세상에 태어나면, 세상은 달
라질 수 있고 달라져야 한다는 생각을 하지 못한다."라고 주
장한다.

　그러나 어른들은 끊임없이 주위의 상황들을 변화시키기 위
해 노력한다. 때로는 바뀔 수 없는 현실에 좌절하기도 한다.

　더 나은 것을 얻기 위해 노력하는 것도 좋지만, 다이어 박
사는 "중요한 것은 그 과정에서 생기는 난관에 대해 분노하지
않고, 이겨내는 것이다."라고 한다.

　변화시키고자 하는 것을 위해 마음먹고 노력하는 것은 중
요하다. 하지만 지나치게 고치려고 하고, 신경 쓰고, 나아지
려는 노력에만 사로잡히게 되면, 삶의 큰 그림과 과정을 보는
통찰력을 잃게 된다.

　버니 시겔 박사의 유명한 저서, '사랑, 의술 그리고 기적'
에서 그는 "만약 '일단 두고 보자.'는 태도로 삶을 살아간다
면 놀라운 일이 생기기 시작할 것이다."라고 말하며, 내려놓
음의 이치를 강조한다.

　그는 아래의 일화를 통해서 이런 점을 설명한다.

농장을 가진 한 남자가 있었다. 그의 삶은 밭을 경작하는 말에 달려 있었다. 하루는 밭을 경작하러 나갔는데 말이 죽어 있었다.

마을 사람들은 "안 됐구먼, 참 딱한 일이야."라고 했다.

그러자 그가 말했다.

"일단 두고 봅시다."

이삼일 뒤에 그 말이 도망을 갔고, 모두들 "불쌍하구먼." 하고 말하자 그는 "일단 두고 봅시다." 하고 말했다.

얼마 지나지 않아, 도망 나갔던 말이 다른 말 한 마리를 데리고 돌아왔고 모두들 "자네는 행운아야."라고 말했다.

그리고 남자가 말했다.

"일단 두고 봅시다."

남자는 전에 말 2마리를 가져 본 적이 없었다. 그래서 그와 그의 아들은 함께 말을 타기로 했고 그러던 중 아이가 말에서 떨어져 다리가 부러졌다.

마을사람들이 "아기가 참 안 됐네."하고 말하자 그는 말했다.

"일단 두고 봅시다."

다음 날 군대에서 젊은이들을 징병하려고 마을로 나왔다. 그러나 그들은 남자의 아들은 데리고 가지 않았다. 아들이 다리가 부러졌기 때문이었다.

사람들은 말했다.

"세상에 운이 좋은 아이군요."

남자는 말했다.

"일단 두고 봅시다."

말다툼을 하다가, 화가 나서 날뛰거나, 쉽게 단정 짓거나, 순간적으로 행동하지 말고 잠깐 기다려 보면 분노는 몇 배로 줄어들 것이다.

한 아버지는 아이들의 불평불만을 잠재우기 위해 이 방법을 사용했다. 급한 일이 없으면, 아이들에게 '토요일 목록표'에 아이들에게 화가 나는 모든 것을 적어 보라고 했다. 그리고는 토요일 아침에 아이들과 함께 앉아서 아이들의 고충을 짚어 보았다. 십중팔구로 아이들이 화를 냈던 것은 벌써 잊어버렸거나 해결되었거나 아니면 더 이상 별로 중요한 게 아니었다.

작가 겸 교육자인 루이스 토마스 말에 의하면 "일반 사람들은 잘 모르는, 내과 의사들이 아는 비밀 중 하나는, 대부분의 병들은 저절로 나아진다는 것이다. 실제로 대부분의 질병은 하룻밤만 지나면 나아진다."

자연이 하는 대로 그냥 맡겨두라고 하는 데는 이유가 있다.

몇 년 전, 진행하고 있던 일주일 겨울수행에서 이런 교훈을 깨닫게 되었다. 150명의 사람들이 시골 건물의 작은 방에서 대부분의 시간을 보냈다. 방은 따뜻했지만 창문이나 문 가까이에 앉은 사람들은 너무 춥다고 불평을 하기도 했다. 가운데 앉은 사람들은 덥다고 불평했다. 하루 이틀가량을 온도 조절장치를 올렸다 내렸다, 창문을 열었다 닫기를 반복하였다. 이렇게까지 되자 내가 뭘 하든지 모든 사람이 만족할 수는 없었다. 결국 나는 온도 조절장치에 온도를 고정시키고 참여자들이 알아서 하도록 내버려두기로 결정했다.

사람들은 종일 들썩들썩하고 창문을 열거나 닫거나 했다. 그러다 상황이 우습게 자체적으로 해결되는 것을 목격할 수 있었다. 한 사람이 창문을 다소 세게 밀어서 아래 개울에 떨어져 버렸다. 이후로 남은 수행기간 동안 방이 추운지 더운지는 전혀 언급되지 않았다.

한번은 친구인 헨리에트가 수행에 참여했는데, 당시 지도자는 내려놓음 수행과 가르침의 전문가였다. 아침 6시부터 밤 10시까지 하루 종일 45분의 좌식 명상과 45분의 보행 명상이 번갈아 진행되는 열흘간의 명상 수행이었다. 이런 생활 속에서 유일한 쉬는 시간은 조용한 명상 속에서 이뤄지는 식사시간, 수행 선생님에 의해 주어지는 저녁 대화시간이었다.

명상실의 모든 사람은 작은 방석이나 의자에 앉았다. 매일 수행자들은 수행 첫날 정해진 같은 자리의 바닥에 앉았다. 6일째쯤 되던 날, 수행자들이 저녁식사를 하는 동안 수행 선생님이 방석과 의자를 재배치해 두셨다. 수행자들이 명상실로 들어서면서 혼란이 생겼다. 대부분의 수행자들이 자신을 위해 정리 해 둔 자리가 바뀌자 흥분했다. 바로 이것이었다. 몇 시간 동안 자신의 집착을 내려놓은 노력의 결과였다. 그를 통해 수행 선생님은 그들에게 실제로 그 마음을 유지하는 것이 얼마나 어려운지를 보여주었다.

　도시 원예를 해보면서 내려놓음에 대한 또 다른 가르침을 얻었다. 나는 도시의 환경 속에서 자라서인지 나만의 정원을 갖고 내가 재배한 야채들을 따먹는 일이 굉장히 흥미로웠다. 한번은 봄에 땅을 파고 씨를 심고 물을 주면서 며칠을 보냈다. 몇 주가 지나고 정원을 살펴보았는데 그다지 볼 것도 없었다. 새싹들이 돋아나기 무섭게 달팽이들이 다 뜯어먹는 것이었다. 매번 씨를 심을 때마다 달팽이들은 만찬을 즐겼다. 씨도 심어보고, 묘목도 심어봤다. 재도 뿌려봤다. 달팽이를 독사시키기 위해 수입맥주도 부어봤다. 아무런 효과가 없었다. 어떤 싹도 0.5인치 이상 자라지 못했다. 좌절감을 안고 바깥세상에 비해 상대적으로 예측이 쉬운 나의 실내 세상으로 돌아와, 아래와 같은 글을 적으면서 나의 절망감을 달랬다.

　　달팽이는 상상을 초월할 정도로 느립니다.
　　궁금한 게 한 가지 있습니다.
　　달팽이들은 나보다 훨씬 느린 게 분명한데,
　　어떻게 내 야채들을 다 먹을 수 있는 건가요?

　원예에 대한 마음을 내려놓는 시도는 성공했다. 이 시를 '친자연 원예'에 팔게 되었고, 그 돈으로 골목에 있는 야채가게에서 야채를 샀다.

세상을 있는 그대로 받아들이지 않고 우리가 생각하는 이상적인 세상의 모습에 집착하느라, 눈가리개를 한 경주마처럼 좁은 시각으로 세상을 바라보고 있다. 이런 근시안적인 사고 속에서 변화에 저항하고, 잃어버린 것에 매달리느라 그 순간에 얻을 수 있는 것들을 보지 못한다. 아픔을 이겨내고, 다시 일어나, 웃기 위해선 내려놓아야 한다.

노만 빈센트 필 박사는 "삶의 행복은 전쟁에서 싸움을 하면서가 아니라 그 싸움을 피할 때 만들어진다. 그 자체를 자연스럽게 받아들이는 항복은 승리이다."라고 말했다.

일이 잘되지 않을 때 무언가를 내려놓는 것은 힘든 일이다.

예를 들어 연봉 인상을 받지 못해 상사에게 좋지 않은 감정이 생기거나, 음악소리를 줄이지 않는 아이들을 보고 화가 나는 때와 같은 상황이다. 쉽게 내려놓고 그 상황에 집착하지 않으면, 별 노력을 들이지 않고도 빠른 효과를 볼 수 있다.

한 예로 아이들에게 음악소리를 줄이라고 소리 지를수록, 더 화가 나게 되고 처음에 원했던 조용함과 평안함에서 더욱 멀어진다.

아이들이 음악소리를 줄이지 않으면, 그냥 내버려두고 원하는 만큼 크게 음악을 틀고 놀게 해주고 옆집에 가서 커피나 한 잔 하고 오면 된다. 아니면 유머를 이용하고 싶다면, 책 여기저기에서 소개된 좌절감을 완화시키는 방법들을 사용할 수도 있다.

예를 들어 상황을 과장하여 아이들에게 지금 나오는 음악이 당신이 가장 좋아하는 음악이라고 하고, 그 음악을 10번 넘게 듣고 싶다며 소리를 좀 더 키워 달라고 해보자. 아니면 난센스를 이용해 보자. 마치 아이들이 귀를 먹은 것처럼, 소리 좀 줄여 달라고 소리 내지 말고 입모양을 만들어 보자.

아니면 태도를 바꿔보는 거다. 아이들과 "소리 지르는 섹시한 당신(the Screaming Sex Pots)"의 음악에 맞춰 춤을 춰보자. 아이들이 기절할 지도 모른다.

우리의 난관들은 얼음판에서 미끄러진 자동차와 같다. 얼음판에서 빠져나오려고 하면 할수록 빠져나오기는 더 어려워진다. 이런 상황에서 빠져나오기 위한 술책은 차가 미끄러지는 대로 내버려두고 그냥 미끄러지는 것이다.

EST(Erhard Seminar Training)의 창시자인 워너 어하드가 말했다.

"말이 가는 방향대로 몸을 맡기고 말을 타면 훨씬 쉽다."

알버트 바이다는 리더스 다이제스트 잡지에서 한 이탈리아의 호텔에서 달걀을 주문했을 때의 사연을 이야기했다. 그가 얻은 교훈은 그냥 마음을 비우고 흘러가는 대로 내버려두는 것이 가장 좋은 방법이라는 것이었다. 그리고 추가로 얻은 것은 한바탕의 큰 웃음이었다.

처음에 영어로 "에그"라고 말했다. 반응이 없자 그에게 프랑스어로 '웨프', 독일어로 '에이', 라틴어로 '오붐', 헝가리어로 '토자스' 까지 시도했다. 아무 단어도 통하지 않았다. 단한 단어도 알아듣지 못했고, 도대체 모르겠다는 얼굴이었다. 아침식사로 어떻게 하면 달걀을 먹을 수 있을까? 순간 좋은 생각이 떠올랐다. 만화가가 되어 종이 한 장을 집어 달걀을 그렸다.

결과는 놀라웠다. 종업원도 기쁨에 차 "시, 시(네)"라고 말했다. 그리곤 "파타테(이탈리아어로 감자)"를 외쳤다. 나는 고개를 저은 후 그 달걀 그림 아래에 달걀 컵을 그렸다.

"시, 시(네)"

환한 미소를 지으며 말했다.

"코냑."

머리와 손을 저으며 "노"라고 말했다.

그리고 또 다른 그림을 그렸다. 병아리가 알에서 부화하는 그림이었다.

"시, 시(네.)"

신이 나서 대답을 하고는 "폴로(이탈리아어로 치킨)"라고 했다.

바로 그 순간 포기하고 종업원에게 "콜라지온느(이탈리아어로 아침식사)"를 달라고 했다.

5분 뒤 그는 커피, 버터, 마멀레이드 쨈, 롤 그리고 3분 정도 익힌 달걀을 가져왔다. 그것이 그 호텔의 일반 아침식사 메뉴였다.

내려놓음은 간섭하지 않는 마음가짐과도 관련이 있기 때문에, 참견하고 그 문제의 덫에 빠지는 대신 한 걸음 물러서서 상황을 볼 수 있을 것이다.

신인 작가 겸 비평가인 에이치 엘 멘켄은 그가 받은 한 공격적인 편지에 내려놓음의 마음으로 답장을 했다고 한다. 그의 답장은 간단했다.

"아무개 씨께, 당신 말이 맞을 수도 있습니다."

쉘라와 빌 베델은 전문 강연자이자 세미나 진행자이다. 하루는 쉘라가 비교적 유익한 스피치 시리즈로 구성되었던 일주일간의 일정을 마치고 집으로 돌아왔다. 그동안 남편을 못 봤지만 일을 잘 마무리했다는 성취감에 도취되어 남편에게 별 관심을 갖지 못했다. 남편 빌은 화를 내기보다 다시 시내에 나가 있는 아내에 대한 기대를 내려놓았다. 그녀가 자신의 성공을 계속해서 즐기도록 해주었다. 그녀가 일정을 마무리지을 무렵, 그는 아내에게 가볍게 농담 한마디를 했다.

"이제 우리 아내 돌려받아도 될까요?"

내려놓음은 중국의 빨대 게임과 유사한 면이 있다. 각 빨대 안에 검지를 세워 넣었다가 다시 빼내는 것이다. 이때 검지를 더욱 빼내려고 하면 할수록, 더 힘들어지고 손가락은 빨대에 더 꽉 끼게 된다. 이 게임의 비법은 힘을 빼는 데 있다. 그냥 내버려두고 힘으로 빠져나오려고 하지 않을 때 손가락은 쉽게 빠지고 게임에서 이길 수 있다.

웃음 배우기 실전 연습

　'하늘의 끝(The Sky's the Limit)'에서 웨인 다이어 박사는 감당하기 힘든 문제들을 '잊기 목록'에 적어 볼 것을 권유한다. 다이어 박사는 그것이 세상 돌아가는 이치이니, 이런 문제의 가장 현명한 대처 방법은 웃어버리는 것이라고 한다.

12

먼저 웃는 자

자신의 코가 못생겼다면, 괜찮다고 우기지 말고 그냥 못생
겼다고 인정하자.
곧 웃음이 나기 시작하고 세상도 당신과 함께 웃을 것이다.

-지미 듀란티(Jimmy Durante)

　수 세기 전부터 유대인들은 자기 자신과 상황을 보고 먼저
웃으면, 다른 사람들이 자신을 비웃는 것이 아니라 함께 웃을
것이라고 했다. 자신과 자신의 곤경을 보고 웃는 법을 배움으
로써 고통을 이겨낸 승리자가 되는 것이다. 이런 깨달음을 배
워보자.
　시작하기 전에 유의할 사항이 있다. 자신이나 자신의 상황
을 보고 웃는 것은 자신을 깎아내리는 것이 아니다. 자신을
낮추는 것은 자신감을 약화시키고 자신과 주변사람들을 불편
하게 만들 수 있다. 자신을 보고 웃는 다는 것은 상황을 완화
시키고 심지어는 자신감을 향상시키고 존중하게 만들면서 나
와 다른 사람들이 상황을 자연스럽게 받아들이도록 하는 것

이다.

엘리너 루즈벨트는 드레스가 찢어지자 주변사람들을 향해 뒤로 돌아 말했다.

"가끔 옷이 저하고 이상하게 따로 놀 때가 있어요!"

만약에 그녀가 욕을 하거나, "아! 이런 옷을 입다니 내가 정신이 나갔지."라는 말을 했더라면, 그녀 자신과 주변 사람 모두 불편해졌을 것이다.

대신 루즈벨트는 먼저 그것을 웃음거리로 만들어 당황스러운 상황을 자연스럽게 넘길 수 있었다.

버지니아 투퍼도 자신에 대한 약간의 유머로 분위기를 전환시킨 이야기를 해주었다.

내가 해본 일 중에 가장 힘들었던 일은 중학교 임시 교사직이었다. 8학년 남학생이 수학숙제 때문에 나한테 화가 나서, 플레이보이 잡지에 내 사진이 실렸다고 학교의 모든 사람들에게 말하고 다녔다. 나도 분노가 폭발하는 상태였다. 쉬는 시간에 휴게실에서 정규직 선생님 2명이 슬며시 다가와, 소문이 사실이냐고 물었다.

"그건 정말 말도 안 되는 끔찍한 거짓말이에요. 아무도 그 잡지는 보지 말았으면 좋겠네요."라고 말하면서 조금 다른 방식으로 분노를 한 방에 날릴 수 있었다.

여배우 셜리 맥클레인은 초자연적인 현상에 대한 그녀의

믿음을 비난하는 사람들을 누그러뜨리기 위해 '선수 치기' 방법의 유머를 사용했다. 저녁 만찬에서 그녀는 우주선 같은 옷을 입고 나타났다. 행사 후에 그녀에게 식사가 괜찮았는지 물어왔다. 그녀는 3천 년간 그녀가 먹은 음식 중에 가장 맛있는 음식이었다는 농담을 했다.

많은 코미디언은 자신들의 사적이고 고통스러운 성격적 특성을 보고 웃을 뿐만 아니라 그런 특성들을 강조하여 그들의 개성적인 트레이드마크로 만든다.

예를 들어 우디 앨런은 패배자에 대한 농담을 했다.

"심지어 유치원에서는 우유도 떨어뜨리곤 했죠."

필리스 딜러는 자신의 외모에 대한 농담을 한다. 그녀는 피핑 탐이 한번은 자신에게 얼굴에 커튼 좀 치면 안 되겠냐고 했다고 했다.

로드니 댄저필드는 그의 유행어 "사랑받고 싶어요."라고 말하면서, 자신이 자신감이 없다는 것에 대한 뼈 있는 농담들을 던진다.

별로 좋아하지 않는 자신의 모습을 이겨내기 위해 '선수 치기' 방법을 사용하는 것은 도움이 될 것이다. 코미디언이 하는 것처럼 약점을 트레이드마크로 만들어 보는 것은 어떨까?

예를 들어 나는 고등학교 때부터 머리가 빠지기 시작했다. 그렇게 어린 나이에 머리가 빠지는 것을 보고 화가 났지만, 머리가 빠지는 것에 대한 농담을 함으로써 현실을 받아들이는 법을 배우게 되었다. 지금은 사람들이 나의 머리에 대해 이야기를 하면 사용하려고 준비해 둔 한마디로 농담을 하면서 머리가 없는 모습에 대해 웃으며 이야기한다.

"저는 대머리는 아닙니다. 그냥 뒤통수에도 얼굴 하나 더 만들려고 합니다.", "머리가 없어서 좋은 점도 있죠. 깔끔합니다."

내가 가장 좋아하는 스스로 비웃는 농담은 코미디 작가 로버트 오벤의 말을 인용했다. 그와 똑같은 말을 사람들에게 해주곤 한다.

"대머리 분야의 전문가였습니다."

다른 사람보다 먼저 자신의 손해나 장애에 대한 농담을 하면, 어떤 문제도 덜 불편하게 느껴질 수 있다.

팔 없는 만화가 존 칼라한은 다른 장애인들에게 자신도 자신을 보고 웃을 수 있었으니 그들도 자신들을 보고 웃을 수 있을 거라고 했다. 많은 사람들이 그의 그림이 삶의 어두운 부분 장애, 괴로움, 우울, 부적응 등과 관련될 것이라고 생각했던 것과는 달리, 그의 메시지는 밝았다. 그는 다른 장애인들에게 자신의 장애에 대해 너무 심각하게 생각하지 말고 절대 포기하지 말라고 했다. 1972년의 사고로 가슴 아래 신체가 마비된 칼라한은 자신이 휠체어에 앉아 있는 사실에 대해 농담을 하는 법을 배우기 시작했다.

그는 "저는 저층에 살게 생긴 아가씨들한테만 작업을 걸어요."라고 말했다.

'실금 조절(Managing incontinence)'이라는 책의 한 단원에서는 소변 참는 것을 조절하기 힘든 사람들에게 "변화를 위해 농담을 해보자."라고 제안한다. 단원 앞부분에서 작가 첼리 가틀리는 이 병이 많은 사람들에게 심각한 일일 텐데 이렇게 유머 이야기를 하게 되어 죄송하다는 말로 시작한다. 몇 년 전까지만 해도 그녀도 그렇게 생각했었지만, 어떤 상황 속에서도 어딘가에는 작은 즐거움이 있다는 것을 알게 되었다고 한다. 책을 통해 그녀는 묻는다.

"그 작은 즐거움을 한번 찾아보지 않으시겠습니까?"

가틀리는 인공 괄약근 이식 이후 첫 번째 소풍을 간 6학년짜리 남자아이 마이클에 대한 이야기를 하였다. 소풍 중 마이클과 반 친구들은 큰 대회 행사가 열리고 있는 패스트푸드점에 들렀다. 반 친구 대부분은 마이클의 장애를 알고 있었다. 때문에 마이클이 벽 위에 붙여진 문구를 친구들과 조금 다르게 생각한다고 말했을 때 아무도 놀라지 않았다. 문구는 이랬다.

"대회에서 우승을 하세요. 규칙을 어겼을 때는 바로 내보냅니다."

한 남자는 스스로 먼저 비웃는 것이 그의 장애를 받아들이는 데 도움이 된다는 것을 알게 되었다. 그는 얼굴이 쉽게 빨개진다. 대머리는 가발로 감출 수 있고, 실금은 의학적인 치료가 가능하지만 빨개지는 얼굴을 숨기는 것은 전혀 불가능하진 않지만 상당히 힘든 일이다. 그래서 얼굴이 조금 빨개질

208

때 멈추려고 하면 더 빨개지는 것을 알아차리고, 멈추려고 하는 대신에 그냥 받아들이게 됐다고 한다. 그리고는 자신에 대한 농담을 하고 조절이 안 되는 자신의 얼굴을 보며 웃어버린다고 한다.

그는 "영화 리뷰처럼 제 얼굴 빨개짐의 정도에 점수를 매긴다고 하고 주변사람들에게 이 정도면 '7점 홍조야, 10점 홍조야?' 하고 물어봅니다."

가끔씩은 얼굴이 더 빨개지기도 하는데 농담을 하면서 받아들이다 보면 그럭저럭 견딜만하다고 한다.

에이브러햄 링컨은 '스스로 비웃기'의 열렬한 추종자였다고 한다.

스테판 더글라스가 두 얼굴의 인간이라고 그를 공격하자 링컨은 "내가 두 가지 얼굴을 가지고 있다면, 지금 이 얼굴을 쓰고 있지도 않았을 걸세."라고 했다.

누군가 링컨에게 얼굴이 너무 평범하게 생겼다고 한마디 했다.

그 말에 링컨이 대답했다.

"이보게 친구, 신은 이런 얼굴을 좋아했다네. 그래서 더 많이 만든 것일세."

한번은 링컨이 그를 주빈으로 한 연회에 참석했다. 도착하자마자 모자를 의자에 올려놓고 자리를 열어두었다. 얼마 되지 않아 한 튼튼한 여성이 그 의자로 다가가 모자 위에 앉았다. 링컨은 무슨 일이 생겼는지 알아차렸지만 이미 너무 늦은 상황이었다.

자리에 앉았던 여자가 알아차리곤 일어나 링컨에게 모자를 건네주며 물었다. "당신 모자인가요?"

"네, 맞습니다. 부인. 거기 앉지 않으셨으면 했었습니다. 부인이 앉기 전에 제 모자가 잘 맞지 않을 거라고 미리 말씀드렸을 수도 있었는데……."

자신의 난감한 상황에 먼저 농담을 하는 것은 일이 엉망이 됐을 때 효과가 만점이다.

예를 들어 회사의 대표자가 방문객들에게 공장을 돌아다니면서 소개하고 있었다. 방문단이 검사실에 이르렀을 때, 한 직원이 부품 수리 업무가 뜻대로 되지 않아 답답해지자, 부품을 들어 검사실에 던졌다.

부품이 벽에 부딪히자 당황한 대표이사가 "보시다시피 저희의 모든 제품은 공기역학적 시험을 거친 후에 출고가 됩니다." 하고 말해 상황을 모면했다.

다른 예로, 한 영업사원이 회사의 제품에 대해서 설명하고 있는데, 기계가 잘 작동하지 않았다. 그는 허둥지둥하기보다 오작동에 대해 먼저 웃어버려야겠다고 생각하고, 한마디 했다.

"음, 오늘은 저희 경쟁사 제품에 대한 설명으로 끝을 맺고, 내일 자사 제품을 가지고 다시 찾아뵙겠습니다."

진 페럿은 보브 호프의 코미디 메인 작가로 지낸 적이 있었다. 게다가 그는 에이미상을 3번이나 받았다. 하지만 심지어

페럿도 가끔 '스스로 비웃기'를 잊어버린다.

한번은 연설을 위해 참여한 연회에서 유머감각과 냉정을 잃고 죗값을 치룬 적이 있다.

오찬에서 연설을 하기 위해 리노로 갔다. 후원자들은 리무진으로 마중 나와서, 90분쯤 걸려 연회가 있는 호텔로 데려다 주었다. 그날 저녁 다른 약속이 있어서 연설을 마치고 바로 비행기가 예약되어 있는 상황이었다.

바로 관계자에게 공항으로 가는 교통편이 있는지 물어 보았다. 관계자는 돌아가는 길에는 리무진을 제공하지 않으니 셔틀을 예약해 주겠다고 하였다.

나는 유머감각 연설자임에도 불구하고 순간 화를 내버렸다.

"그냥 제가 알아서 하겠습니다. 감사합니다."

그리고 나서 강연을 하며 연회장에서 리노 공항으로 가는 사람이 있는지 물었다. 의사 한 명이 친절하게 그의 출발 시간을 조정해 내가 공항으로 갈 수 있도록 태워다 주겠다고 했다.

10분을 남겨두고 간신히 공항에 도착했다.

게이트 앞에 있는 안내원에게 달려가 물었다.

"이 비행기 타는 게이트로 제시간에 도착할 수 있을까요?"

안내원은 "공항만 맞게 찾아오셨으면 타실 수 있습니다."라고 대답했다.

아뿔싸, 공항을 확인하지 않았던 것이다. 그러나 연회 관계자들이 돌아가는 목적지의 비행기를 예약해 두었기에 출발

하기 전까지 충분한 시간을 가질 수 있었다.

유머감각을 잃고 자신을 바보로 만든 경험이었다.

대부분 자신의 실수에 당황하기 때문에 그 실수를 스스로 비웃는 것은 어려운 일이다.

그러나 워싱턴에 있는 한 회사의 경영 간부인 스티브 에트리즈는 사람들이 자백함으로써 자신의 당황스러움을 극복하게 도와주는 획기적인 방법을 고안해 냈다.

경영진 회의에서 25만원을 테이블에 올려놓고 자신이 한 실수를 털어 놓았다. 그의 자백보다 흥미로운 실수를 털어놓는 사람은 돈을 가져갈 수 있었다.

누군가 자신의 실수를 털어놓았다. 이 방법은 회사 전체에 퍼져, 사람들이 자신을 비웃고 다른 사람의 실수를 듣고 배울 수 있게끔 해주었다.

에트리즈는 중요한 인사 담당자를 공항으로 모시고 가던 중 차에 기름이 떨어진 이야기로 테이블 위의 돈을 되찾았다고 한다.

간호사 사무실에서도 간호사들이 자신과 자신의 힘든 상황을 비웃을 수 있도록 하는 방법을 발견했다.

직원회의를 할 때마다 가장 난감한 경험에 '그 주의 최고상'을 수여했다.

패티 우튼은 한번은 요강의 내용물을 변기에 쏟아내자 변기물이 넘쳐 모두 다 도로 쏟아져 나와 공포에 질렸던 이야기로 상을 받았다고 한다.

힘들고 당황스러운 상황을 비웃는 것은 그로 인한 괴로움을 완화시킬 수 있다. 그렇게 함으로서 힘든 문젯거리로부터 자신을 해방시키고, 다른 사람들도 당신과 함께 웃게 된다.

웃음 배우기 실전 연습

자신 혹은 자신의 상황을 비웃는 데는 2가지 방법이 있다.

거울을 보자. 당신이 그다지 좋아하지 않는 자신의 신체부위를 찾아보자. 좀 더 가까이 보고 당신이 별로 좋아하지 않는 자신의 성격적 특성을 생각해 보자.

이제 오늘 적어도 한번 이런 요소나 특성에 대해 농담을 할 수 있는지 지켜보자.

아니면 하루를 보내면서 작은 사고나 자신이 저지른 실수를 알아보자. 그와 관련된 웃음거리를 찾을 수 있는가?

아래, 주방에서 일어날 수 있는 상황과 그에 대해 웃어볼 수 있는 유머러스한 방법의 예를 들어 보겠다.

● 얼린 케이크가 바닥에 뒤집어졌다? – 먼지를 제거해서 케이크를 거꾸로 올려놓으면 된다.

- 쿠키를 만들고 있는데 버터가 믹서 밖으로 나가 창문에 붙은 걸 발견했다? – 상황을 문자 그대로 표현해, "창문 위의 버터 쿠키"를 만들었다고 말해 보자.
- 케이크를 식히는 동안 갈라졌다? – 갈라진 틈 주변에 조그만 장난감 동물을 올려놓고 '지진 난 케이크'라고 부르자.

13

불행 속에서 행복 찾기

상황은 변화시키고자 노력하는 사람을 위해 변한다.

– 아트 링크레터(Art Linkletter)

한 노년 여성이 몇 년 동안 귀가 잘 들리지 않아 새 보청기를 구입했다. 몇 가지 조정할 것이 있어 청각 기능사를 다시 찾아갔다.

그가 "이제 잘 들으시니까 친구 분들하고 가족 분들이 좋아하시겠네요." 하고 말했다.

그러자 그 노년 여성이 이렇게 말했다.

"아, 아직 말 안 했어요. 그냥 앉아서 듣기만 했죠. 그거 아세요? 덕분에 제 유언장 내용을 세 번이나 바꿨답니다."

또 다른 일화이다.

골목에 서서 부러지지 않는 펜을 팔고 있는 남자가 있었다. 갑자기 그가 팔고 있는 펜 중에 반으로 부러져 있는 하나를 발견했다.

남자는 잠시 멈추었다가 사람들에게 돌아서서 말했다.

"자, 이제 펜의 내부가 어떻게 생겼는지 한번 보겠습니다."

웃음은 어떤 불리한 상황도 유리한 상황으로 바꿀 수 있다. 이 이치를 아는 사람은 실패에서 긍정적인 면을 볼 뿐 아니라 한 걸음 더 나아간다. 첫 번째 실패를 하고 난 후, 지혜를 모아 문제를 극복하고, 사람들이 보지 못하는 기회를 보게 된다.

게다가 큰 상실감을 경험해 본 사람들은 자신의 상황에서 잃은 것보다 얻을 수 있는 것을 보려고 하기 때문에 시련에도 불구하고 뛰어난 업적을 이루어낸다. 이런 사람들은 먹구름 사이에는 빛이 있다는 오래된 속담을 믿고 불운 속에서 행운을 찾아 나간다.

탐 슐리반은 이런 사람들 중의 한 명이다. 그는 어린 시절부터 앞을 보지 못했다. 그럼에도 불구하고 그는 운동선수이자 배우이자 연예인이다.

그는 모든 사람이 각자 자신만의 장애를 가지고 있다고 생각했다. 부끄러움, 불안, 늙음, 신체적인 고통 등. 탐은 앞을 볼 수 없다는 장애가 그를 막을 수 없다고 생각했다. 대부분의 스포츠에 도전해 본 후, 레슬링 선수가 되어 미국 국가 대표로 올림픽에 출전하였고, 여러 세계 챔피언 대회에도 도전했다.

그가 한 러시아 선수와 레슬링 경기를 한 적이 있었다. 점수는 11 대 3으로 탐이 지고 있는 상황이었다. 탐은 공격을 당할 때마다 점점 더 고통스러웠다. 탐은 전세를 연전시키기 위해 무언가를 해야겠다고 생각했다. 순간 러시아 선수가 그의 위로 올라갔을 때, 탐은 일어나 그의 플라스틱 눈을 끄집어냈다. 레슬링 매트에 떨어진 눈을 보고 러시아 선수는 탐을 놔주고 경기장을 뛰쳐나갔다. 이로써 러시아 선수는 경기에서 탈락되었고, 그날 먹은 음식을 모두 토해 냈다고 한다.

대회 기록장에는 아직도 이렇게 씌어 있다.

"아스미노브와의 경기에서 술리반 부전승으로 승리."

불행한 상황에서 유머를 발견한다고 상황 자체가 바뀌는 것은 아니다. 하지만 유머를 통해 괴로움으로부터 해방되고, 지혜를 모아, 기회 앞에 장님이 되지 않도록 해줄 것이다. 불행 속에서도 유머의 감각을 유지한다는 것은, 자신만의 비극적인 감성드라마에 갇히지 않도록 자신과 자신의 상황 간의 충분한 거리를 유지하는 것이다.

최근 뉴스에서 가장 많이 듣게 되는 단어는 '비극'과 '최악'이다. 큰 손실이 있는 대형사고가 날 때마다 비극이라는 이름이 붙여진다. 이것은 지구상의 다른 존재에 관한 이야기가 아니다.

기린이 황량하게 마른 나무를 보고 나뭇잎이 없는 것을 봤을 때, "아, 정말 비극이야! 최악이야!" 하고 울지 않는다. 대신 먹을 수 있는 나뭇잎을 찾을 때까지, 이 나무, 저 나무 가서 확인해 본다.

많은 사람들은 사업 실패, 가정 붕괴 등 비극적이라고 불릴 만한 좌절을 경험한다. 이런 역경들이 삶을 무너뜨리는 것이 아니라 풍요롭게 해준다고 생각하면, 그로 인한 상처를 보다 빨리 아물게 할 수 있다. 그런 역경들이 반갑지는 않지만, 밭을 비옥하게 하는 거름과 같이 비극은 자신을 더욱 성장시켜 준다.

작가인 주디스 비오스트는 그의 저서 '불가피한 상실(Necessary Losses)'에서 "상실은 삶에 대한 대가이다. 동시에 성장과 또 다른 시작의 발판이 되기도 한다."고 하였다.

훗날 큰 의미가 되고 지금의 우리를 만드는 것은 삶의 힘든 시기이다.

캘리포니아의 정신과의사인 에메트 밀러가 말했다.

"내 경험에 의하면, 성공하고, 풍요롭고, 가치 있고, 만족과 성취를 이룬 삶을 산 사람들은 인생의 극도의 좌절을 맛본 사람들이다. 입에 은수저를 달고 태어나서 한 번도 그걸 떼보지 못한 사람들은 메마르고 무력한 사람들이었다."

삶은 수많은 종류의 고난과 상실로 가득 차 있다. 또 매일같이 경험하고 있다. 팔을 부러뜨리는 일부터 저녁 약속이 취소되는 일까지. 더 이상 20개의 팔굽혀펴기를 할 수 없게 되는 것부터 여행이 취소된 일, 열쇠를 잃어버리는 일부터 사랑하는 사람을 잃는 일, 모든 상실은 중요하다. 모든 상실은 우리를 성장시킨다. 그리고 그 속엔 항상 깨우칠 만한 교훈이 있다.

뉴욕 타임스 잡지에 기재된 한 통찰력 있는 기사에서 기자인 리처드 셰퍼드는 자신의 지갑을 잃어버린 경험에 관한 글을 썼다. 시간이 지나고 그는 첫 번째 상실을 경험한 후, 확실한 신분이 없이 자유를 만끽하며 사람 아닌 사람처럼 느껴보았다. 별로 사용하지도 않는 카드 뭉치와 신분증명 종잇조각들을 더 이상 들고 다니지 않아도 된다는 사실을 깨닫게 해준 상실이었다. 셰퍼드는 그의 상황에서 별 유머를 찾지 못했지만 지갑을 잃어버림으로써 실제로 이전에는 알지 못했던 삶의 다른 무언가를 얻었다고 생각했다.

인디언 전통에 의하면, 우리의 적은 우리를 강하게 만들어주기 때문에 신성하다고 한다. 더 강해지고, 성공하는 법을 가르쳐주는 것은 불행(상실, 실패, 좌절)이다.

토마스 에디슨은 실패를 성공으로 이끈 한 사람이다. 어떤 필라멘트가 백열전구에 적합할지 알아내기까지 천 번이 넘는 시도를 했다고 한다.

한 비평가가 말했다.

"당신은 천 번 이상 실패했군요."

에디슨이 대답했다.

"전혀 그렇지 않습니다. 저는 그 천 가지의 재료들이 적합하지 않다는 것을 발견해 냈습니다."

작가인 린다 고틀리에브와 캐롤 하얏트는 실패는 우리를 성공으로 이끈다고 했다. 실패는 새로운 것에 시도하는 용기를 주기 때문이다.

고틀리에브는 20년 동안 텔레비전과 교육 매체 회사 사장을 지낸 뒤 해고당했다.

그녀는 말한다.

"어떤 면에서 실패, 특히 진정한 실패는 자유로워짐을 의미한다. 실패했을 때 우리가 해야 할 일은 잘못된 일에서 빠져나와 그 과거로부터 새로운 긍정의 힘을 되찾는 것이다."

힘든 시기에 교훈을 발견할 뿐 아니라, 아래에 소개될 이야기에서처럼 웃음으로 불행을 전환시키는 것도 가능한 일이다.

집에서 70km나 떨어진 곳에 있는 고객들에게 강연을 해야 한다고 상상해 보자.

다음 날 아주 이른 시간에 강연이 시작되도록 스케줄이 잡혀 있었고, 출근길 교통 혼잡을 피하려면 전날 밤에 출발을 해야겠다고 생각했다.

목적지에 도착하자마자, 집에서 비슷하게 생긴 두 여행가방 중에 다른 여행가방을 잘못 가져 왔다는 사실을 알게 되었다. 당신의 구두가 들어 있는 여행가방은 집에 있다.

지금 입고 있는 값비싼 정장에 낡아 빠진 신발을 신고 강연을 할 수는 없는 일이다. 바로 근처의 쇼핑센터로 간다.

당신은 도착했을 때, (1)눈 씻고 찾아봐도 쇼핑센터 어디에서도 신발을 발견할 수가 없었다. (2)쇼핑센터 안의 모든 가게들이 10분 안에 문을 닫는다고 한다.

이 가상 시나리오는 실제로 비즈니스 컨설턴트인 오데프

폴라 씨의 눈앞에 펼쳐진 상황이었다.

그녀는 당장 해결방안을 찾아내어 불행을 행복으로 바꿔 놓아야 했다. 그래서 쇼핑센터 안의 상점 복도 위아래를 뛰어다니다, 그녀를 이 비극에서 구해줄 만한 것들을 찾아냈다.

다음 날 그녀는 청중들에게 '다쳐서 발목에 에이스 붕대를 한 채로 세미나를 하게 되었다.'고 양해를 구했다.

이 책을 위해 조사를 하면서 많은 명언들이 어려운 시기를 겪은 사람들을 두고 하는 이야기라는 것을 느끼게 되었다.

대부분의 사람들이 자신의 과거를 돌아보며 "그보다 더 좋을 수는 없었을 겁니다."라고 말한다.

그들이 그 위기를 기쁘게 반겼다는 것이 아니라 지나고 나서 보면, 그 경험은 그들의 인생을 바꾸고, 삶의 전환점이 되어 그들에게 불행이 행복으로 바뀔 수 있다는 것을 보여 주었다는 것이다.

은퇴한 해군 대령, 제럴드 커피는 위 이야기의 전형적인 예이다. 그는 7년간 3발짝 이상 넘지 않는 좁은 감옥에서 전쟁 포로로 있었다. 믿기조차 어려운 고통의 기간 동안 그의 기도는 "신이시여, 제가 이 시기를 알차게 보낼 수 있도록 도와주십시오."였다. 그는 침울한 시간을 보내면서 그 불행했던 시기를 자신에게 유리하게 이용하였다.

감옥 벽면에 테이프를 붙여야 재소자 동료 포로와 의사소통할 수 있었음에도 불구하고, 그는 다른 재소자들과 프랑스어를 배우고, 키플링과 셰익스피어의 작품들을 낭독하고, 그들의 유머감각을 접할 수 있었다. 그가 좋아했던 부분은 "빵 안에 작은 바구미(곤충)여. 내가 방금 그대의 머리를 배어 물은 듯하오."였다.

오늘날 커피 대령은 주요 기업에서 어려운 시기에 자신의 신념, 그리고 유머감각을 지키는 것에 관한 강연을 한다.

아주 특별한 사람들만 고통스러운 시기를 잘 활용하는 듯해 보일지도 모른다. 그러나 사실 전혀 그렇지 않다. 고난 속에서 우리 모두가 알 수 있는 중요한 것은, 항상 시련이 닥칠 때마다 마지막에는 새로운 시작에 대한 기회가 주어진다는 것이다. 잃음으로 인해 비워지고 그 비워진 공간을 채울 기회를 갖게 된다.

맹인 작가 헬렌이 말했다.

"행복의 문 하나가 닫히면 다른 문이 열린다. 그러나 우리는 종종 닫힌 문을 너무 오래 바라보다 우리를 위해 열려진 또 하나의 문을 보지 못한다."

불교 선종의 시에서는 같은 생각을 조금 다른 방식으로 표현한다.

"집이 불에 타 내려앉아, 이제 달뜨는 것이 더 잘 보입니다."

"아, 어떡해" 대신에 "아, 앗싸!" 하고 소리를 질러보는 것이다.

한 여자는 집의 일부가 태풍에 의해 날아갔을 때, 바로 이

222

또 하나의 문을 보았다.

지하실에서 나오고 나서, 모두들 "어머, 세상에. 우린 망했어!"라고 말할 때, 그녀는 생각했다.

'어차피 이사 가려고 했었잖아. 이제 짐 쌀 필요도 없고 좋네!'

'윌라드 스콧의 아랫집 이야기(Willard Scott' s Down Home Stories)'에서 연예인인 스콧은 유머가 어떻게 그가 불행 속에서 행복을 찾을 수 있게 도와주었는지 이야기한다. 그는 늘 책상 서랍에 가발을 두었다가 방송 직전에 쓰곤 했다고 한다. 그런데 한번은 가발이 사라진 것이었다.

"그 상황에서 제가 할 수 있는 건 아무것도 없었습니다. 그래서 가발 없이 그냥 방송에 출연했죠. 그리곤 아무렇지도 않은 표정으로 지저분한 강아지와 고단했던 삶의 지난 나날들이 머리를 다 빼앗아 갔다고 말했습니다. 재앙이 될 뻔했던 일은 플러스 요인으로 바뀌었고, 배꼽 빠지게 웃을 일이 되기도 합니다. 다음 날 밤 그 시즌의 최고의 시청률 기록을 한껏 즐겼습니다. 모든 동네 사람들은 다들 제가 머리가 다시 생겼는지 보고 싶어 했죠."

작가 리처드 바흐는 '망상(Illusion)'이라는 책에서 "모든 시련 속에는 당신을 위한 선물이 있습니다. 그 선물을 얻기 위해 그 시련을 겪고 있는 것입니다." 라고 했다.

우리가 잃은 것 대신에 얻는 것(교훈, 선물)을 보게 될 때, 불행 속에서 기쁨을 보기 시작할 것이다.

좀 더 생각해 보자. 아래 전혀 예상치 못한 곳에서 교훈을 얻은 새에 대한 이야기가 있다.

옛날에, 자기 마음대로 행동하기 좋아하는 참새가 있었다. 그 참새는 겨울 동안 남쪽으로 날아가지 않기로 했다. 하지만 어느덧 날씨가 점점 더 추워지자 어쩔 수 없이 남쪽을 향해 날아가기 시작했다. 얼마 되지 않아 참새의 날개 위에 얼음이 생기기 시작했고, 한 농가의 마당에 떨어졌다. 그때, 소가 지나가다가, 참새 위에 똥을 싸버렸다. 참새는 이제 이렇게 죽는구나 생각했다.

그런데 소의 배설물이 참새를 따뜻하게 해주고 날개를 녹였다. 따뜻하고 행복해져 참새는 신이 나서 지저귀기 시작했다. 마침 지나가던 고양이가 짹짹거리는 소리를 듣고는 똥을 걷어내고 새를 잡아먹었다.

이제, 아래를 읽어 보자. 교훈이 없는 듯해 보이지만 위의 이야기에는 세 가지의 교훈이 있다.

1. 당신에게 똥을 퍼붓는 이가 반드시 당신의 적은 아니다.
2. 당신을 똥에서 구해 주는 사람이 모두 당신의 친구는 아니다.
3. 당신이 똥 무더기 속에서 따뜻하고 행복하다면, 입을 다물라.

웃음 배우기 실전 연습

　이 연습은 불행 속에서 행복을 발견할 수 있도록 당신을 도 와줄 것이다.
　당신은,

● 오늘, 당신의 아름다움이 사라져가는 동안, 어제의 당신에 대해 슬퍼하고 있는가?
● 시력이 예전 같지 않음에 우울해 하는가, 아니면 전에는 그랬던 적 없던 듯이 물건들을 어루만지면서 새로운 감각 을 찾고 있는가?
● 당신의 고급스러운 머리가 빠져서 화가 났는가, 아니면 대 머리는 아름다울 뿐 아니라 빗질이나 손질에 시간이 들지 않아서 좋다고 생각하게 되었는가?

　당신의 삶의 고난과 실패를 돌아보자.
　그것들이 당신을 위해 또 다른 문을 열어주었는가?
　그것들이 당신을 더 강하게 더 현명하게 만들어주었는가?
　그것들이 교훈이 되었는가?
　새로운 삶의 가치를 알게 해주었는가?
　지금 당장, 고난과 실패, 상실, 불행이 당신에게 선물한 기 회와 긍정적인 면을 생각해 보자.

14

세상은 웃음연구소

주변을 돌아보면, 세상은 코미디로 가득하다.

－멜 브룩스(Mel Brooks)

특히 어려운 시기를 보내고 있다면, 매일매일 심각해지지 않기 위해서는 심각하게 노력할 필요가 있다. 가능한 일이다. 삶에 웃음을 채우는데 있어 가장 큰 방해물은 바로 자기 자신이다.

"난 못 할 거야. 왜냐하면……"이라고 말하는 순간, 바로 막 피어오르려던 유머도 수그러든다.

기네스북에 오른 모든 사람들이 "난 못 할 거야. 왜냐하면……" 하고 이런 말을 했다면 '세계기록 기네스북'은 존재하지도 않았을 것이다.

기네스북에 오른 각각 모든 사람들은 그들의 기록을 이뤄내기 위해서 장애물들을 극복했다.

당신이 지금 서 있는 곳이 아닌 다른 곳에서 웃음을 발견하려고 한다면 아마 찾을 수 없을 것이다. 당신의 세상이 바로 당신만의 웃음 연구소이다. 더 멀리 볼 필요도 없다.

누군가 은행 강도인 윌리 수튼에게 왜 은행을 털었는지 물었다.

수튼은 "은행이 돈이 있는 곳이니까요."라고 대답했다.

외부적으로(회사에서, 집에서, 인간관계속에서) 또 내부적으로(당신을 화나게 하는 것들) 유머를 찾아보자. 당신의 생활 24시간 동안에는 적어도 10분간 무대에서 스탠드업 코미디를 할 만큼 충분한 유머의 소재가 있을 것이다.

자신의 일상생활에서 웃음거리를 찾기 위해 우리가 유머연구를 하는 과학자라고 생각해 보자. 잘못되는 일이 많을수록, 유머감각을 실험하기 위한 연구 자료들은 더 많아진다. 당신 주변의 모든 것이 망가지고 있을 때, 얼마나 자주 유머를 사용하는지 과학에 대한 관심으로 기록해 보자.

"많은 날들 중, 가장 큰 손해를 본 날은 웃지 않은 날이다."

한 프랑스의 속담이다.

어떤 날들은 다른 날들보다 웃기 힘들지만, 의식적으로 노력하면 매일매일 유머 비타민의 하루 최소 권장량은 섭취할 수 있다.

세상은 모순으로 가득 차 있다. 세상 속 모순을 찾아보자. 슈퍼마켓에서, 집에서, 버스에서, 텔레비전에서, 신문에서 모순은 넘쳐난다.

예를 들어 한 남자가 신용카드 회사에서 0원이라고 적힌 고지서를 받았다. 그는 고지서를 보고 웃고, 친구들에게 보여 주고는 쓰레기통에 버렸다.

그렇게 고지서를 받고 무시한지 몇 달이 지난 후에, 그는 "최종 경고문"이라고 적힌 용지를 받았다.

그가 돈을 지불하지 않으면 신용등급이 떨어지게 됨은 물론 미수금 처리 대행업체를 농락하는 것이라고 했다.

그는 어쩔 수 없이, 0원짜리 수표를 쓰고, "이 수표로 결제 대금 완납처리해 주시기 바랍니다."라고 메모를 적어 수표와 함께 카드회사로 보냈다. 얼마 되지 않아, 그는 금액을 완납하시고 항상 애용해 주셔서 감사하다는 편지를 받았다고 한다.

당신의 삶도 모순으로 가득 차 있다. 한번 찾아보자. 굉장히 우스운 것들이다. 이런 모순을 발견하기 가장 쉬운 곳은 당신의 실수이다. 인간이기에 하게 되는 피할 수 없는 실수들이다. 아래에 몇 가지 예가 있다.

학생들의 시험에서:
- "혈관의 세 가지 종류는 동맥, 정맥, 애벌레이다."
- "좋은 간호사가 되기 위해선 완벽히 순결해야 한다."
- "여러 주에서 살인자들은 전기 분해 요법으로 사형이 집행된다."

학부모들이 선생님에게 보낸 편지에서:
- "제 아들은 특별 과외를 받고 있어서 형편이 그리 넉넉지

못합니다. 그는 제외시켜 주세요."

● "금요일에 제 아들은 지난 주 복습을 위해 학교를 결석할 예정입니다."

환자들의 병원 기록에서:

● 퇴원 상태: "살아 있지만, 허가 없이 퇴원함."
● 피부과: "다소 창백하지만 사는 데 지장 없음."

연방정부부서에서 받은 편지에서:

● "당신이 제 아들이 문맹으로 결론을 지었다는 사실을 알고 화가 났습니다. 아이는 태어난 지 일주일밖에 안 되었기 때문에 말도 안 되는 통보입니다."

교회 예배에서:

● "이번 주일은 부활절이니, 존슨 씨께 방문하셔서 알을 까 달라고 부탁할 예정입니다."

실수의 마지막 예는 한 젊은 간호사가 의사의 글씨를 못 알아보고 생긴 일이었다.

의사는 "막대 잡고 걸음."이라고 기록했다. 간호사는 의사의 갈겨쓴 메모를 "양 귀 잡고 자름"이라고 읽었다.

하루를 보내면서 눈과 귀를 열고 정보를 수집해 보자. 유머수집가가 되는 것이다.

스티브 앨런은 매일 웃기 위해서 재밌는 책을 읽으라고 권장한다. 그가 좋아하는 유머 작가는 로버트 벤츨리, 제임스 터버, 에스 제이 페럴만, 우디 앨런이다. 누가 당신의 웃음보를 터트릴지 찾아보고 그 사람이 쓴 책을 읽어 보자.

이 외에도 매일매일 당신을 웃게 해줄 알려지지 않은 어마어마한 수의 무명작가 군단이 있다. 편지지와 카드를 파는 상점에 가서 유머러스한 카드 문구들을 읽어 보자. 유머 일기장을 만들어 당신이 들은 재밌는 말들을 매일 적어 보자. 주변의 재밌는 문구나, 여기저기 붙어 있는 스티커나, 티셔츠, 광고 등 재밌는 것을 찾아보자. 유머는 아래 예처럼 여러 곳에서도 찾아볼 수가 있다.

- 범퍼 스티커: 일 났네. 일 났어. 오늘은 일하러 안 가도 되겠네.
- 티셔츠 로고: 드디어 한꺼번에 해냈다. 그리고 어디다 두었는지 잊어버렸다.
- 배관공 트럭 뒤에 붙은 광고 : 똥을 싸면 광을 무너뜨릴 수 있다.
- 주유소 표지: 손님을 최고로 모시는 효율적인 셀프서비스
- 잔디 팻말: 당신의 발들로 저는 죽어갑니다.
- 묘비: 이것 보시오. 내가 아프다고 했잖소.
  웃으라고 쓴 게 아닌 글귀에도 가끔 큰 웃음이 나기도 한다. 하나는 "세탁기가 멈추면, 옷을 모두 제거하세요."라고 쓰

인 동전 세탁기의 글귀였다. 다른 하나는 뉴욕의 하이든 천체 투영관의 "태양계와 그 외의 공간(화장실)으로"라고 쓰인 글귀였다. 여기서 배울 수 있는 것은 우리가 유머를 찾으려고 하면 여기저기서 찾을 수 있다는 것이다. 한번은 총 판매 기획자에게 책을 주문했을 때, 세 가지 책이 알파벳순으로 카탈로그 리스트에 적혀져 있는 것을 발견했다.

나는 누구인가?
누가 죽었는가?
누가 방귀를 뀌었는가?

유머러스하게 들리는 심각한 내용의 문구를 또 발견했다.
샌프란시스코의 큰 언덕의 꼭대기에 누군가 '가파른 언덕'에 줄을 긋고, '절벽'이라고 적었다.
'암울한 폭풍이 쓸고 감.'이라고 적힌 표지 여러 개가 눈에 띄는 고속도로를 따라가는데, 누군가 아래 한마디 적어놓았다.
'상담을 받으세요.'
세 번째 의도된 농담이 담긴 문구는 여성용 화장실에 붙어 있었던 문구였다. "빈자리가 생길 때까지 기다리세요.(주로 레스토랑에서 볼 수 있는 문구)"
길거리의 무분별한 낙서는 추천하지 않지만, 정신건강에 해롭지 않은 낙서는 항상 지루한 일상을 즐겁게 해준다.
만약 생활 속의 유머를 전혀 찾을 수 없다면, 유머를 찾아내는 사람을 보고 따라해 볼 수도 있다.

하루는 출근길에 한 여자가 운전기사에게 환승권을 건네고 버스 뒷좌석에 앉았다. 기사는 환승권을 보고, 기간이 어제부로 만료된 것이라고 여자에게 말했다.

그러자 그 젊은 여성이 기사를 돌아보며 말했다.

"알아요. 제가 이 버스를 타려고 어젯밤부터 기다렸거든요."

또한 신문에서도 일일 권장량만큼의 유머를 공급받을 수도 있다. 전혀 재미없는 것들 속에서 재미있는 것을 발견하는 일은 흥미로운 도전이 될 수 있다. 세상의 온갖 비극적인 뉴스를 전해 주는 종이 위에 전혀 비극적이지 않은 일이 있다.

찾아보자! 기사의 헤드라인을 읽고, 만화나 전혀 심각하지 않은 기사의 제목도 읽어 보자.

신문에서 읽어볼 거리는 만화뿐이 아니다. 가끔은 기사거리도 너무 끔찍해서 웃기기도 한다. 그런 기사를 읽으면, 우리가 말도 안 되는, 우스운 세상에 살고 있다는 것을 알게 된다. 그러니 우리 자신과 이런 사건들을 심각하게 받아들일 필요가 없다는 것이다.

그 예로 최근 신문에 실린 몇 가지 기사를 살펴보자.

- 캘리포니아의 한 판사는 살인을 방조한 혐의로 재판을 받고 있는 남자가 석방될 수 있다고 판결했다. 그는 실제 살인범이었으므로 방조자가 될 수 없다는 것이 판사의 말이

었다.
- 미시간 주의 한 도시는 깃대에 5만 달러를 지출하고 잔고가 부족해 깃발을 구입하지 못했다.
- '영국제품을 애용하자.' 라는 이름으로 열린 영국의 글쓰기 대회에서는 상품으로 일제 라디오를 수여했다.

뉴욕 타임스는 '세상에 이런 일이' 라는 코너에서 좋은 일을 하려고 아파트 빌딩 앞 나무의 죽은 가지들을 손질하려던 남자의 이야기를 기재했다. 그 남자는 손을 베고 나무에서 추락해 도로에 떨어져 있었다. 지나가던 사람들은 그가 정원사와 싸운 후 도로에 비틀거리며 나와 쓰러져 있다가 택시 사고까지 날 뻔한 것이라고 생각했다. 그러나 사실 동네 개가 나무에서 떨어진 남자를 물어뜯고 그곳까지 끌고 왔을 무렵, 실제 정원사가 와서 가지 치는 일을 막 시작했던 것이었다. 놀라운 우연의 일치였다.

신문의 광고란에서도 유머를 찾을 수 있다.
'벨르 포르쉐 일간지' 에는 이런 광고가 실렸다.
"개를 찾습니다. 옅은 갈색, 다리 세 개, 귀 하나가 없음, 한 쪽 눈이 보이지 않음, 꼬리가 부러짐, 최근에 거세함. '행운' 이라고 부름. 죄송하지만 보상금은 없습니다."
아래의 광고는 독특한 광고였다.
한 여자가 우습게도 자신의 남편을 파는 광고를 내놓았다.

"남편을 싸게 팝니다. 사냥도구와 낚시도구, 청바지 한 개, 셔츠 2개, 부츠, 까만 개 한 마리와 사슴고기 50파운드와 함께 보내드립니다. 꽤 괜찮은 남자이고, 10월부터 12월까지, 4월부터 10월까지는 집에 잘 들어오지 않습니다. 거래를 생각하고 있습니다."

그녀는 많은 전화를 받고 광고를 철회하는 글을 올렸다.

다음 날 광고이다.

" '남편을 싸게 팝니다.' 광고를 철회합니다. 많은 분들이 남편이 아니라 개를 요구하셨습니다."

유머연구를 하면서 자기 자신도 부드럽게 대해야 한다는 것을 기억하자. 천천히 시작해 보자. 우선 미소를 지어 보자. 그리고 웃어 보자. 이것은 모두 내일 배꼽 잡을 웃음을 위한 준비운동이다. 매번 시도할 때마다 자신에게 상을 주고, 등 한번 토닥여주고, 기립박수를 쳐줄 것을 기억하자.

웃음 배우기 실전 연습

이 마지막 연습에서 삶과 불행 속에서 더 많이 웃기 위해 노력할 것을 약속을 해야 한다.

"나는 수영에 관한 모든 것을 다 알고 있다. 하지만 직접 수영하는 것은 다른 이야기이다."라는 말이 있다.

생활 속에 더 많은 웃음, 놀이, 유머를 만들기 위해 이 책에서 이야기한 방법들을 실천하지 않는다면, 당신이 가진 지식은 아무 소용이 없다.

유머를 위해 노력해 볼 준비가 되었는가?

의지를 종이에 써보겠는가?

만약 그렇다면, 아래 편지에 스스로 한번 써보자.

_____께

제 삶에 더 많은 웃음을 가져오기 위해 할 일은 _____
_____:

_____드림.

추신. 위의 내용을 이뤄낸다면, 제 자신에게 상으로 _____
_____할 것입니다.

생활 속에 더 많이 웃기 위해서는 노력과 결심이 필요하다. 이렇게 훌륭한 일을 해낸 자신에게 상을 주어야 한다. 캐딜락이나 벤츠 같은 작은 선물을 줌으로써 자신의 성공을 스스로 축하하자.

제3부

최후의 웃음

힘든 시기에는 슬픔에 눈이 가려져 웃음이 주는 의미를 보지 못하는 경우가 종종 있다.

그러나 가끔씩 우리의 행동을 바로 재연해 본다면, 전보다 더 많이 웃을 수 있다고 확신한다. 잠시 한 걸음 물러서서, 많은 순간 자신이 갖는 심각함이 얼마나 무의미한지 보게 된다면, 더 많이 웃는 법을 배우게 된다. 만약 한 걸음 물러서서 우리의 난관을 삶의 큰 그림 속에서 연관지어 본다면, 유머가 그랬듯이 시련을 새로운 시각에서 보게 된다.

아래 작자미상의 글을 한번 읽어 보자.

나의 삶은 군주와 나 사이에 옷감을 짜는 일뿐이라네.
나는 색깔을 선택할 수 없네. 그는 꾸준히 옷감을 짠다네.
그는 가끔 슬픔을 엮고 나는 어리석은 자만을 엮고 있네.
그가 위를 보고 나는 아래를 본다는 건 잊어주게.
베틀이 조용해지고 직조기가 돌기를 멈추면,
신이 도화지를 펼치고 이유를 설명해 줄 것이오.
그가 예정해 놓은 길에 금빛, 은빛 실이 필요하기에,
베 짜는 사람의 능숙한 손에 어두운 실이 필요하오.

아내의 죽음을 뒤돌아 생각해 보면, 아내가 남긴 중대한 교훈, 책을 통해 당신과 함께 나누고자 하는 것은 바로 이것이다. "삶은 어두운 실에만 집중하기엔 너무 짧다. 금빛, 은빛 실을 찾고, 축복하고 즐겨야 한다."

매일 계속되는 고된 삶을 보고 웃는 일과 함께, 아픔, 죽음, 슬픔 등 삶의 마지막 과정을 덜 심각하게 받아들이는 연습도 필요하다. 죽음을 직면하면서 웃는 것은 웃음이 다른 상황에서 우리에게 주는 이점과 같다. 필요한 육체적이고 정신적인 이로움을 주고, 우울함을 덜어준다. 죽음, 슬픔, 질병과 같은 역경의 시기에 유머는 그 아픔을 겪고 있는 사람뿐 아니라 그들의 주변 사람들, 가족, 친구 그리고 전문 간병인에게 도움이 된다.

정말 슬픈 상황도 가볍게 받아들일 수 있는 분위기를 만든다면, 남아 있는 사람들은 정신적으로 육체적으로 건강하게 살아갈 수 있을 것이다.

슬픈 상황에서 지나치게 심각해지는 것은 생명을 앗아갈 정도로 치명적이다.

예를 들어 한 연구에서는 극도의 슬픔에 빠진 배우자의 면역체계에서는 티세포(질병에 대한 몸의 저항세포)의 활동이 저하된다고 밝혀냈다. 핀란드의 다른 연구에 따르면 1년 이내 가족과 사별한 유족들의 사망률은 일반 사람에 비해 두 배가 높다고 한다.

유머와 웃음은 신체적으로 우리의 면역체계가 균형을 잃지 않도록 도와준다. 정신적으로도 상황에 대처하는 것이 힘들고 소통이 멈추게 될 때, 상황을 받아들이고 조금씩 이야기를 나눌 수 있게 도와줄 것이다.

중국에는 이런 속담이 있다.

"슬픔에 찬 새가 당신의 머리 위를 나는 것은 막을 수 없다. 하지만 그 새가 당신의 머리에 둥지를 틀지 못하게 할 수 있다."

앞서 제안한 여러 방법들은 일상적인 시련과 상실을 털고 일어나게 할 뿐 아니라, 더 큰 시련 또한 가볍게 해주고 그 새들이 머리에 둥지를 틀지 못하도록 해준다.

버니 시겔 박사는 "누구나 자신의 상실에 슬퍼할 수 있다. 하지만 여전히 당신의 삶에 남아 있는 아름다운 것들에 대한 감사와 평정심을 잃지 말아야 한다."고 했다.

유머는 같은 목적을 갖는다. 유머는 평정심을 주고, 삶이 중심을 잃는 듯한 순간, 균형을 잃지 않도록 도와준다.

아무리 심각한 상황에서도 우리의 마음을 다스리는 것은 가능하다.

베스트셀러였던 '착한 사람들에게 나쁜 일이 일어날 때'에서 저자인 랍비 헤럴드 쿠쉬너에 의하면 "과거와 고통에 초점이 맞춰진 질문들로부터 벗어나야 한다."고 했다.

예를 들어 '왜 이런 일이 나한테 일어났지?'와 같은 질문이다. 대신에 미래를 향하는 문을 여는 질문을 해야 한다.

'이제 이런 일이 일어났으니, 뭐부터 하면 좋을까?'

정말 많이 아프고 슬픈 사람들과 일하면서, 유머가 사람들의 신체적인 고통과 정신적인 아픔을 이겨내는 데 특별한 역할을 하는 것을 보았다. 그것은 사람들이 삶의 비관적인 시기를 긍정적인 시각으로 바라보도록 도와주었다. 유머는 우리에게 선택권을 준다. 유머는 우리가 자신의 비극에 그렇게 갇혀 있을 필요는 없다는 것을 알려준다. 고통과 괴로움에 가려 앞을 보지 못할 필요가 없다는 것을 보여준다.

사람들은 죽음과 병에 관련된 것들은 심각한 것이라 생각하기 때문에, 웃음을 제재당하곤 한다. 그럴 필요는 없다. 사실 간호사나 장의사에게 물어 보아도, 죽음과 관련된 상황에도 우스운 사건들이 자주 일어난다고 말한다. 모두가 기억해야 할 중요한 것은, 죽음은 비통한 것이라고 생각하고 자신을 고립시키고 웃음을 막지는 말아야 한다는 것이다.

죽음에 임박한 상황에 가벼운 활기를 불어넣는 데 있어 가장 큰 난관은, 자기 자신과 다른 사람들로부터 그렇게 해도 된다는 허락을 받지 못한다는 것이다. 죽음과 슬픔의 상황에서 유머를 찾아보고, 우리 자신과 다른 사람에게 죽음 앞에서 웃을 수 있도록 허락하는 것은 굉장히 의미 있는 일이다.

전혀 즐겁지 않은 상황에서 유머를 찾아야 한다고 해서, 슬픔의 시기에 유머만을 생각해야 한다는 말은 결코 아니다. 슬픈 감정의 표현 또한 중요하다. 웃음 또한 항상 적절한 것은 아니다. 내가 말하고자 하는 바는 이것이다. 첫째, 상실은 삶의 하나의 과정이다. 슬픈 것도, 웃긴 것도 아니다. 둘째, 웃음이 힘든 시기에 얼마나 이로울 수 있는지를 잊어서는 안 된다.

여러 문화와 종교적 전통에서는, 상실을 슬픔으로 받아들이지 않아도 된다고 한다. 사실 슬픔으로 받아들이지 않으면 좋은 이유가 있다. 그들은 심지어 죽음과 관련된 상실 속의 힘든 시기에도, 유머를 발견함으로써 그로 인한 아픔과 상처가 사라질 것이라고 가르친다.

예를 들어, 서부 아프리카의 몇몇 부족에서는 사람이 죽으면 몇 사람에게는 유족들의 슬픔을 달래고, 즐겁게 해주어 슬픈 생각이 들지 않게 할 임무가 주어진다. 인류학자인 잭 구디는 이런 장례문화에 대한 연구논문에서, 시신을 매장하기 전 삼 일 동안은 이 '웃음 동무'가 유족들의 슬픔을 달래고, 상반된 감정인 웃음을 유도하는 것으로 분위기를 바꾸도록 도왔다고 한다.

유대 전통 또한 고통스러운 시기에 웃음을 이로운 것으로 받아들였다.

삶은 고단하다. 하지만 즐길 수 있는 것이다. 상황이 좋지 않을 수도 있다. 하지만 상황이 좋지 않다고 힘든 시기를 보내야만 하는 것은 아니다. 고난과 시련 속에서 살아남아야 좋은 시기도 볼 수 있다.

"우리가 모든 슬픔을 벽에 걸어두고, 자신이 하고 싶은 대로 할 수 있다면 그렇게 해야 할 것이다. 앞으로 겪게 될 아픔은 더욱 견디기 힘들어 보이기 때문이다."

이 하시딕의 속담은 유대인들의 '삶은 우리가 원하는 대로 되지 않지만, 우리가 가진 전부'라는 가르침을 엿보게 해준다.

"마음이 아프십니까?"라고 물으면 유대인들은 바로 대답할 것이다.

"웃어버리십시오."

제3장

슬픔 줄이기

첼름(Chelm)의 한 도시는 바보들의 도시로 알려져 있다. 하루는 누군가 한 노인에게 해와 달 중에 어떤 것이 더 중요한지 물었다.

노인은 한참 동안 곰곰이 생각해 보고 대답했다.

"달이오. 달이 더 중요하오. 해는 밝은 낮에 뜨지만, 달은 어두운 밤에 뜨기 때문이오."

우리는 질병과 죽음, 슬픔에 압도되어 달과 같이 우리의 어두운 시기를 감싸주는 유머를 잊곤 한다. 불행히도 아프거나 죽어가는 과정에서 사람들은 이 사실을 잊는다. 고통과 괴로움만을 보려고 한다.

예를 들어 자신이 아팠을 때를 생각해 보자. 모두 당신이 괜찮은지 묻는다. 그런 관심은 고맙지만, 우리의 예후에 대해서 계속 반복해서 말해야 하는 것만큼 우울하고 힘 빠지게 하는 일은 없다.

커뮤니케이션 전문가인 다나 그리븐은 왜 다리에 기브스를 하게 되었는지, 몸은 좀 어떤지 반복해서 대답해야 하는 것을 유머러스한 방식으로 해결했다.

그녀는 다음과 같이 말했다.

"많은 분들이 놀이터에서 기구를 타고 놀며 뒤로 공중제비하다가 다친 제 무릎에 대해 궁금해하셨습니다. 그래서 한 회의에서 가져온 플라스틱 지지대에 문구를 넣었습니다. '물어봐 주셔서 감사합니다. 무릎은 나아지고 있습니다. 기분도 좋습니다. 네, 물론 아프기도 합니다.', '앞으로 어떻게 될지는 아직 알 수 없습니다. 궁금하시면 다음에 다시 들러주시기 바랍니다.'"

잔디를 깎다가 사고로 발가락을 다친 한 남자가 매번 다른 이야기를 지어내어, 사람들에게 자초지종을 설명하는 수고를 유머러스하게 한시름 덜어낼 수 있었다. 한 아이에게는 사막에 갔다가 먹을 것이 아무것도 없어 발가락을 먹어버렸다고 말했다.

그가 가장 재미있게 이야기한 부분은 발가락으로 인한 독때문에 쓰러졌던 부분이었다.

노만 커즌스는 환자들에게도 유머를 끌어내는데 책임이 있다고 한다.

자신이 아픔을 겪을 때, 다른 사람들을 웃고 기분 좋게 만들어주면 자신도 기분이 좋아진다.

커즈스가 병원에 있을 때 한 말이 있다.

"아침 식사를 하고 있는데 그때마다 간호사가 검사를 위한 소변검사 견본 통을 가져오더라고요. 간호사가 안 보는 사이에 통에 사과주스를 부어 건네주었습니다. 그 간호사가 통을 한번 보더니 말했습니다. '오늘은 좀 탁하네요, 안 그래요?' 그래서 통의 것을 꿀꺽 들이마시고, 대답했죠. '그러게요. 다시 한 번 해봅시다.'"

작가인 윌슨 미즈너도 병원에서 치료를 받는 동안, 유머를 잃지 않았다. 수술 받기 전, 간호사가 종이에 이름과 병명 등등의 정보를 적자, 펜을 받아 아래에 추가로 한마디 적었다.

'열기 전에 차게 해주세요.'

심각한 병에 걸리면, 유머가 얼마나 환자를 기분 좋게 하는지, 병치레를 하면서 겪는 신체적, 심리적 아픔을 이겨내도록 하는 데 얼마나 중요한지 잊곤 한다.

병에 걸려 죽음을 맞이하는 순간까지, 유머가 하는 역할은 크게 2가지이다. 하나는 죽음에 대한 두려움을 극복할 수 있게 도와준다는 것이고, 다른 하나는 가족, 친구, 전문 간병인 등 환자의 주변 사람들이 상실감을 털고 일어날 수 있도록 해준다는 것이다.

절망 속에서 웃음을 찾는다는 것

유머감각을 갖고 죽음을 보는 방법을 배울 때가 된 것이다.

−캐서린 헵번(Katharine Hepburn)

가족과 친구, 환자의 간병인, 환자 모두가 힘든 시기에 유머를 되찾기 위해서는 죽을지도 모르는 심각한 상황 속에서 나타나는 모순을 찾아야 한다.

이런 모순들은 예상치 못한 곳에서 나타난다.

유머 작가인 아트 글리너는 아버지가 돌아가신 후 병원에서 연락을 받았을 때의 이야기를 하였다.

그는 "왠지 모르겠는데, 간호사가 아버지의 치아가 들어 있는 플라스틱 용기를 주는 겁니다. 내가 뭘 들고 있는지 알기 전까지 20분 정도 그 통을 들고 병원 여기저기를 왔다 갔다 했습니다. 이 상황을 알아차리고 매형을 돌아보며 말했습니다. '저는 아버지의 치아가 없이는 아무 데도 안 갑니다.'"

내가 말기 환자 지원시설에서 근무할 때, 예기치 않은 상황에서 유머를 찾아내는 방법을 알게 되었다. 한번은 항상 텔레비전을 시끄럽게 켜놓은 채 소파에서 졸고 있는 여성을 방문한 적이 있다. 그 여자 분을 3번 방문했는데, 그때마다 대화는 도착했을 때 "안녕하세요."와 헤어질 때 "안녕히 가세요."가 전부였다.

4번째 방문을 하면서 뭔가를 해야겠다고 생각했다.

"크란츠 씨, 당신을 도와드리러 왔습니다. 제가 뭐 도와드릴 만한 것 없을까요?"

그녀는 나를 보고 물었다.

"당신, 춤출 줄 아세요?"

'도와주는 사람'으로서 나는 그녀를 위해선 뭐라도 하고 싶었다. 그래서 자리에서 일어나 텔레비전에서 나오는 '댄싱 게임' 음악에 맞춰 춤을 추며 방을 돌아다녔다. 오늘은 그래도 많은 진전이 있었다고 생각하면서, 내가 뭐 더 할 것이 없는지 물었다. 그녀는 나에게 디스코를 춰보라고 했다. 그녀를 즐겁게 해주고자 하는 마음에 한 번 더 호의를 베풀었다. 나는 방을 돌아다니며 디스코를 추었다. 춤을 다 추고 나서 그녀에게 재밌었느냐고 물었더니 어깨를 으쓱해 보였다.

낙심한 채, 다시 한 번 물었다.

"제가 정말 또 해드릴 일이 없나요? 당신을 위해 여기 왔습니다."

그녀는 잠시 생각을 하더니 대답했다.

"네, 저를 위해 해주실 게 있군요. 가주세요!"

처참했다. 시설 사무실로 돌아와 이 슬픈 이야기를 사람들에게 해주었다. 그러자 동료들이 배꼽을 잡고 웃기 시작했다.

"방 한 구석에서 댄싱 게임의 음악에 맞춰서 디스코를 추고 있는 당신 모습을 찍고 있는 카메라가 있다고 생각해 봐요."

그 모습을 상상하고는 나도 크게 한바탕 웃기 시작했다.

다음의 예는 그날따라 기분이 안 좋았던 한 시설 환자의 이야기이다.

그녀가 "나는 죽게 될 거예요."라고 말하자, 작은 하느님 사진과 촛불 한 개가 방에 놓여졌다. 간호사와 가족들은 기도를 시작했다. 얼마 되지 않아 고개를 들었을 때, 촛불에서 불이 붙어 활활 타오르고 있었다. 마침 방으로 돌아온 환자와 방 안의 모든 사람들이 웃음을 터뜨렸다.

유머는 심각한 상황과 비꼬는 말이 밀접하게 연관되어 예상치 못한 곳에서 나타나곤 한다.

코미디언 마이클 프리차드는 자신의 평생, 다른 사람들에게 어떻게 해야 하는지 지시를 했던 남자에 관한 실화를 이야기해 주었다.

어느 날 아침 그가 2층 침실에서 숨을 거두었다. 수의사가 시신을 가지러 왔을 때, 계단 꼭대기 구부러진 부분에 있던 육중하고 무거운 시신을 잘 처리하는데 상당한 어려움이 있었다. 그때 시신이 말 그대로 벽과 난간 사이에 끼게 되었다.

그때 밑에서 보다 못한 딸이 위를 보며 말했다.

"아빠, 이제 어떡하면 될지 말해 주세요."

248

내가 돌보았던 환자가 말했다.

"난 죽고 싶지 않아요. 하지만 죽으면, 저의 재를 페인트에 넣었으면 좋겠어요. 그걸로 침실 벽을 다시 칠했으면 해요."

이유를 묻자, 그녀가 대답했다.

"그러면 천장에서 방을 내려보고, 무슨 별의별 일들이 일어나는지 알 수 있을 거 아니에요."

댄 켈러의 저서 '웃음 치료'의 서문에서 심리치료사 제럴드 피아제트는 자살기도에 대한 유머러스한 말 한마디로 인해 한 사람이 자살을 하지 않기로 마음먹게 했던 이야기를 하였다.

그의 환자 캐롤이 그에게 말했다.

"사실, 기분이 좋지 않았어요. 당신이 가고 났을 때, 남편은 더 이상 제 얘기를 들으려고 하지 않았어요. 너무 우울했어요. 그래서 이야기 좀 나누려고 조안(피아제트의 부인이자 캐롤의 가장 친한 친구)한테 전화를 걸었어요. 이야기하다가, 암에 우울증에 인생의 불확실함, 모든 이런 최악의 상황 속에서 더 이상 살 필요가 없다고 말했어요. 저는 아무렇지 않게 말했지만 사실 자살에 대한 생각은 며칠 전부터 좀 있었어요. 이제 조안은 내가 자살할 사람이 아니란 걸 알지만, 당시에는 저한테 정말 화가 났었어요. '제길, 캐롤!' 조안이 소리쳤죠. '네가 감히 자살을 하면, 하느님께 맹세코 네가 묻힌 공동묘지에 가서 네 묘지 전체에 오줌을 눠버릴 거야!' 그 모습이 잊히지 않았어요. 적어도 아직까지는요. 아시다시피 이번 주 내내 기분이 그다지 썩 좋지 않았거든요. 그래도 자살에 대한 생각이 날 때면, 조안이 눈을 매섭게 치켜뜨고 아랫입술은 잔뜩 튀어나온 채, 묘지로 가서 치마를 허리까지 올리고, 제 묘지에 쭈그리고 앉을 우스꽝스러운 장면이 상상되는 거예요. 그게 저를 웃게 해줬어요. 그리고 이제 더 이상 죽고 싶지도 않아요."

죽음과 관련된 상황에서 유머를 찾아낼 만한 곳은 죽음에 이르기까지의 과정과 관련된 이중성이다. 이때 눈사태처럼 불어난 복합적인 감정들은 코믹한 순간을 위한 비옥한 거름이 될 것이다.

'여성 저널' 잡지에서 암에 걸린 여성, 캐롤 윌리스는 아래와 같은 글을 썼다.

나는 아직도 모든 것에 화가 난 상태이다. 나보다 삶을 더 사랑하고, 더 즐기는 사람이 없는 것 같은데, 나는 더 살고 싶기 때문이다. 만약에 살 수 없다면 진실하게 마음을 먹고, 절반의 인생을 사는 것의 장점을 발견해야 했다. 이 좋은 시절의 마지막인 죽음은 또한 이 고난의 마지막이기도 했다. 아랫배에 힘주는 것도 끝, 학부모회의도 끝, 머리에 고대기하는 것도 끝, 더 늙는 것도 끝이다.

다른 예로, 죽음에 임박한 시설 환자가 음식을 더 이상 먹지 않겠다고 거부했을 때, 죽음의 이중성이 유머를 불러일으켰다. 그녀는 그냥 죽고 싶다고 했다. 다음 날 그녀는 다시 죽을 것이라는 그녀의 의도를 알렸고, 그날도 아무 일 없이 지나갔다. 이렇게 며칠이 지났다. 그러던 어느 날 그녀가 침대에서 일어나 가족들의 아침식사 테이블로 달려가 함께 식사를 했다. 놀란 가족들은 며칠 동안 그렇게 굶다가 갑자기 왜 같이 아침을 먹으려고 하는지 궁금해했다. 힘없고 늙은 여성이 돌아보며 말했다.

"먹는 것에 대한 생각을 바꿨어요. 먹고 죽은 귀신이 때깔도 좋다고, 누가 빈속으로 죽고 싶겠어요?"

가끔씩 생각 없이 하는, 말도 안 되는 말은 무거운 상황을 다소 밝게 할 수도 있다.

예를 들어, 라틴계 선생님인 마리아는 병원에 누워계시다 돌아가신 아버지 이야기를 해주었다.

의사의 말에 의하면 그녀의 아버지에게 남은 기간은 4주나 6주에 불과했다. 가정적 전통에 따라 가족들은 검은색 옷을 입고, 주변에 촛불을 켜두고 장식된 꽃 사이에 조용히 앉아 있었다.

마리아가 말했다.

"내가 아버지를 찾아갔을 때, 아버지가 나를 보더니 살짝 놀라곤 그의 침대 옆으로 오라고 손짓을 하셨어요. 많은 꽃들과 조용한 기운이 가득 차 있는 방 안을 둘러보고, 아버지의 손을 잡고 속삭였어요. '아버지, 누가 죽었어요?' 아버지께서 웃으시며 말씀하셨어요. '그러게 말이다. 나도 그게 궁금하구나.'"

시몬튼 박사는 아버지께서 돌아가시고 난 후 분위기를 조금 띄워보기 위해 약간의 난센스를 이용했다. 그의 아버지는 동네에서 유명하신 분이셨기에 그는 조문객들 때문에 눈코 뜰 새 없이 바빴다. 그가 기분이 좀 나아질 무렵, 또 슬픔에 젖은 한 사람이 그의 마음을 무겁게 만들었다. 분위기를 다시 바꿔보고자 고무 쿠키를 진짜 음식 접시에 올려놓았다. 방문객이 가짜 쿠키를 먹으려고 하자, 순간 슬픔의 분위기가 깨졌다. 그 후, 고무 쿠키는 아버지의 죽음의 영원한 상징이 되었다.

나 또한 말도 안 되는 난센스 농담으로 분위기를 좀 더 즐겁게 하는데 성공한 적이 있다. 내가 키우는 애완견이 아파서 동물병원에 데리고 간 적이 있다. 한 수의사에게 진찰을 받고 바로 집으로 돌아왔다. 이틀 동안 강아지의 상태가 눈에 띄게 악화되어 수의사에게 전화를 했더니 응급수술을 해야겠다고 했다. 강아지가 늙고 병이 심각했기 때문에 이제 강아지를 볼 수 없을 수도 있겠다고 생각하고 마음의 준비를 했다. 결과는, 내 예상이 맞았다. 병원으로 가는 길 내내 너무 힘들었지만 나는 일부러 슬픔을 유머로 다스리기 위해 노력했다. 친구가 운전을 하는 동안, 애완견의 발을 붙들고 상상하는 법을 가르쳐 주었다.

"그래, 리프카, 네 배가 나을 거라고 상상해 보자. 종양덩어리가 점점 작아지는 거야. 공원에서 다람쥐를 쫓아 달려가는 모습을 상상해 봐. 바나나를 먹는 모습을 생각해 봐."

이런 방법이 통할 리 없다는 건 알고 있었지만 웃음의 순간은 분명히 친구와 나를 도와주었다.

죽음과 관련한 유머가 발견되는 또 다른 곳은 죽음이나 장례식에 대한 직접적인 언급을 하지 않으려고 하는 때이다. 지나치게 언급을 피하다 보면 자신도 모르게 자꾸 너무 돌려서 말하게 되고 결국 심지어는 웃기게 들리기도 한다.

이런 경우, 우리가 죽음을 받아들이고 즐거운 기분을 회복하도록 도와줄지는 모르겠지만, '그 단어'를 말하지 않으려고 우리가 하는 우스운 말들을 생각해 보면 참 재미있는 일이다. 아래 단어들은 죽음이나 사망이라는 단어를 대신해 사용할 수 있는 400가지 말들의 리스트에서 골라본 단어들이다.

AT&T 광고 같은 말:

그 곳에서 부르다.

위에서 부르다.

마지막 부름을 듣다.

순서가 되다.

호텔과 관련된 말:

여정을 마치다.

마무리하다.

떠나다.

표현은 다르지만 죽음을 의미하는 말:

숟가락을 놓다.

돌아가시다.

우스운 말:

꼴까닥하다.

뒤지다.

실제로는 불가능한 말:

세상을 뜨다.

숨지다.

숨을 거두다.

색깔과 관련된 말:

유명을 달리하다.

한 기사에서 어떤 목사가 장례식에서 지나친 완곡어법을 사용했다.

그는 시신을 가리키며 말했다.

"이것은 껍데기일 뿐입니다. 알맹이는 없습니다."

사랑하는 사람을 잃고 힘든 시기에도 다른 시기와 마찬가지로 유머를 찾아볼 수도 있고, 무시할 수도 있다. 선택은 자신이 하는 것이다.

유머 그리고 병과 죽음?

누군가 죽었다고 인생이 재미없어지는 것은 아니다.
웃을 때 슬픔은 줄어든다.

– 조지 버나드 쇼

주변사람들을 위한 일

죽음을 눈앞에 둔 사람이나 이미 죽음을 맞이한 이의 가족
과 친구들에게 유머는 힘과 용기의 원천이 될 수 있다. 슬픈
시기에 웃음은 슬픔과 우울로부터 벗어나는 신호이다. 남은
사람들에게 유머는 다시 삶을 받아들이기 시작하고 치유가
되고 있다는 의미이다.

'사랑하는 사람이 죽었을 때 나를 구해준 것(What Helped
Me When My Loved One Died)' 이라는 책에서 저자는 "당신의
고통의 크기에 상관없이, 미래를 위한 희망과 도움의 손길은
늘 존재한다. 당신의 유머 감각이 돌아오고, 웃고 있는 자신
을 보게 된다면 점점 좋아지고 있는 것이다."라고 하였다.

로라라는 20대 후반의 젊은 여성의 경우는 사랑하는 사람을 잃고 힘들었던 시기에 웃음을 잃지 않은 좋은 예이다.

그녀는 아주 어렸을 때, 남동생을 잃었다. 내가 그녀를 만나기 얼마 전, 그녀의 아버지는 수년간의 투병생활 끝에 숨을 거두셨다. 어머니는 최근 교통사고로 숨지셨다. 그녀는 가까운 사람 세 명을 모두 잃었지만, 유머가 그녀의 아픔의 무게를 덜어주는 촉진제와 같은 역할을 한다고 생각했다.

아버지가 돌아가실 때 로라는 "저녁 밥상에 앉아 밥을 먹는데 아버지가 방귀를 뀌시는 것은 그다지 즐거운 일이 아니었습니다. 아버지는 의자에 앞으로 몸을 기대어 앉아 말했습니다. '용서해 다오. 제대로 힘을 주지 못했구나.' 방안에서 냄새가 나는 건 싫었지만 아버지가 그렇게 농담을 하는 것이 너무 좋았습니다."

로라는 아버지께서는 일생 동안 매우 재미있는 분이셨다고 말했다. 심지어 죽음을 앞두고도, 할로윈 파티에 가려고 하셨다고 한다. 머리가 빠지고 체중이 줄고 피부가 노랗게 변한 모습으로, 생각해 두었던 변장으로 완벽히 단장하셨다. 그는 이불로 몸을 감싸고 코트 옷장에서 안경을 꺼내 쓰시고는 마하트마 간디로 분장하여 파티에 참석하셨다.

아버지가 아프셨을 때나 심지어는 돌아가시고 난 후에도, 로라 안에는 아버지로부터 물려받은 그 유쾌한 영혼이 사라지지 않았다. 그래서 그녀의 가족이 관을 선택하러 갔을 때, 관이 있는 방에서 잠옷 파티를 열자고 해 모두를 웃게 만들었다.

죽기까지의 과정에는 고통스럽고 우울한 순간과 함께 다소 즐거운 순간도 있다.

"거실에서 친구가 죽어가는 동안, 그 작은 집에서 그렇게 즐거울 수 있는 나를 보고 놀랐다."

데보라 듀다의 저서 '집에서 죽는 방법(A Guide to Dying at Home)'에서 그가 한 말이다.

암에 걸린 오십 대 여성, 메리와 일을 하다가 듀다가 말했다.

"우리는 정신적인 관심사에 대한 농담을 하거나, 가고 싶지 않은 회의를 빼먹기 위한 핑계로 그녀를 이용한다는 농담을 하면서 즐거워하곤 했습니다. 왈츠에 대한 농담도 물론이구요."

메리가 더 이상 혼자 걸을 수 없게 되었을 때, 팔로 그녀를 들어올렸다.

내가 "아주머니, 제가 함께 왈츠를 춰도 될까요?" 하고 말했다.

이런 우스꽝스러운 농담을 통해 그녀가 짐이 아니라는 것을 알려주었고, 더 이상 혼자 걸을 수 없다는 좌절감을 완화시킬 수 있었다.

죽음을 맞이하는 모습을 여러 번 지켜보는 전문 간병인들에게 유머는 자신의 좌절감과 무기력함을 극복하는 한 가지 방법이다. 불행히도 가끔 가족들과 환자들은 이런 태도가 바람직하지 못하다고 생각하곤 한다.

"이런 상황에서 웃음이 나십니까?"

그들이 알지 못하는 것은 간병인들에게 미치는 유머의 중요한 역할이다. '간호 소식지'에서 간략하게 발췌된 한 기사에서, 일리노아, 투스콜라에 있는 더글러스 자만 병원의 마취과 부장 웨인 존스턴은 이런 이야기를 했다.

당신의 아버지가 돌아가셨을 때, 당신은 내가 웃는 걸 보았습니다.

당신이 서 있던 응급실 복도와 그의 시신이 놓여 있는 병실 사이 중간쯤에 있는 세면대에서 얼굴에 물을 끼얹고 있었습니다. 누군가 살짝 농담을 했고, 나는 정신 나간 바보처럼 큰 소리로 마구 웃었습니다. 그리곤 의사의 회색 플란넬 어깨 너머로 눈물로 가득한 눈으로 지켜보고 있는 당신과 눈이 마주쳤습니다. 내 웃음은 부적절한 것이었고 나는 거기에 대해 사과했습니다. 하지만 그것은 필요한 일이었습니다.

모든 사람들은 최선을 다했습니다. 우리는 몸에 관을 연결하고, 산소를 공급해 주고, 관찰하고, 안마를 하고, 충격을 주고, 주사를 삽입했습니다. 그리고 우리만의 방식으로 기도했습니다. 아무 소용이 없었습니다. 40분이 지난 후 의사는 멈추라고 했습니다. 우리는 서로의 눈을 피하며 걱정에 가득 차 서 있었습니다. 늘 그렇듯이 죽음의 경외 속에서 낙후되고 쓸모없는 튜브와 전선들을 천천히 떼어내기 시작했습니다. 고요히 슬픔이 맴돌았습니다.

인간으로서, 우리는 모두 적절하지 않은 때에 웃어야 합니다.

당신의 아버지께서는 나의 웃음이 불경이었다고 생각하지 않으실 것입니다.

그날 당신은 내가 웃는 것을 보았습니다. 제 도움과 관심이 필요한 또 다른 환자가 수술을 기다리고 있었습니다. 세면대에 서서 얼굴부터 팔까지 땀과 구토 물을 씻어냈습니다. 당신의 눈물이 당신을 비워내기 위한 것이었던 것처럼 그때 나의 웃음은 나를 비워내기 위한 것이었습니다.

환자를 위한 일

환자에게 유머는, 망가지는 신체기능과 힘겨운 치료과정, 혼란스러운 감정을 이겨내는 적절한 대응 방식이 될 수 있다.

유머는 질병으로부터 한 걸음 물러나, 다른 활동을 하게 해주어 신체적 장애 이상의 것을 볼 수 있도록 도와준다. 유머는 심각하게 아프거나 죽어가고 있는 순간에도 적어도 아직은 살아 있다는 사실을 일깨워준다.

우리는 심각한 병에 걸렸을 때, 질병이 삶의 모든 부분에 절대적인 영향을 미치는 것을 방관하기도 한다. 그저 단순한 질병일 뿐이라는 사실을 잊는 경향이 있다. 자신도 모르는 사이에 자신을 타인으로부터 분리시키려고 하지만, 두 사람 사이에 공유되는 웃음들은 그것조차 변화시킨다.

코미디언 빅터 보그는 "웃음은 상대방과의 가장 가까운 거리이다."라고 했다.

환자와 함께 하는 웃음은 "함께 웃을 수 있다면, 나는 당신과 다를 게 없다. 당신이 아프고 죽어가고 있더라도 우리는 하나다."라는 속담과 같은 의미를 갖는다.

누군가 힘든 시간을 보내고 있을 때, 그들의 유머를 끌어냄으로써 세상을 밝게 보도록 도와줄 수 있다.

예를 들어, '사람'이라는 잡지는 삶의 중대한 위기를 경험하고 있는 사람들에게 즐겁고 효과적으로 힘을 주는 방법에 대해 취재했다. 마누엘 가르시아가 위암 치료약을 먹으면서 머리가 빠지자, 그의 동생과 친척들은 가르시아에게 힘을 주기 위해 삭발을 했다. 마누엘이 집에 도착했을 때, 50명에 가까운 친척과 친구들이 삭발을 하고 그를 기다리고 있었다. 몇 주 후에 깨끗하게 머리를 삭발한 사람은 100명에 가까웠다.

우리 모두가 다 삭발을 할 수는 없다. 하지만 삶이 균형을 잃어 갈 때, 다른 사람에게 힘을 주거나, 다른 사람에게 힘을 달라고 부탁하는 즐거운 방법이 있다.

혹시 병문안을 가는가? 작은 장난감과 게임, 재밌는 책, 사진, 특별한 기념품 등이 들어 있는 '행복 주머니'를 가져가자. 자신이 병원에 입원해 있다면? 당신을 즐겁게 해주거나 웃음이 나게 하는 것들을 챙겨갈 것을 잊지 말자.

횅한 병실을 재밌는 문구와 속담, 포스터로 꾸며보자. 자신을 꾸며보자. 꾸미는 것에 따라 환자가 달라질 수 있다고 생각한다면, 그루초 안경이나 피에로 코를 쓰고 병실로 들어가 보자.

환자에게 작은 카세트와 이어폰, 코미디 테이프 한 회분을 선물하자.

수술로 인해 생긴 꿰맨 자국 때문에 웃기가 불편하다면, 한 시간에 여러 번 미소 지어 달라고 부탁한다.

가능하다면 환자가 병과 관련되어 일어나는 웃긴 일이나 말이 안 되는 모순이 되는 일에 대한 일기를 적게 해보자.(수면제를 투여하기 위해서 누군가를 깨워본 적이 있는가?)

환자는 단순한 질병 그 이상을 겪고 있다는 것을 기억하자. 병에만 집중하지 말자.

환자의 상태에 대한 이야기를 나누고 나서는 더 밝은 대화를 나누자.

마지막으로, 웃음이 전염성이 있지만 쉬는 날도 있다. 즐거움이 적합하지 않은 순간도 있지만 그럴 때는 다음 기회에 도전해 보자.

병원일지를 쓰는 것은 괜찮은 생각이다. 병원사정에 의해서 어쩔 수 없이 생기는 말도 안 되는 웃긴 사건에 환자들이 집중하도록 도움이 되기 때문이다. 웃음 치료 협회의 협회장인 앨리슨 크레인이 중년 고객에게 들은 이야기를 전해 주었다.

몇 년 전에 심각한 사고를 당했습니다. 내가 살아 있는 게 신기했습니다. 물론 회복하느라 병원에서 상당히 긴 시간을 지냈습니다.

오랫동안 병원에 있다 보니, 간호사들이 하는 진료 과정을 겪으며 간호사들과 편해졌습니다. 옷을 입지 않고 있는 상태에서 그렇게 점잔을 떨 수는 없습니다.

한번은 간호사를 호출했는데 그녀가 전화를 받자마자 진통제를 한 번 더 맞아야 할 것 같다고 말했습니다.

간호사가 약을 가져오는 시간 동안 몸을 뒤집어 진통제가 주사될 부분을 찾아 놓는데 힘써 보았습니다. 결국 몸을 성공적으로 뒤집고 문을 등지고 있을 때, 간호사가 들어오는 소리를 들었습니다.

나는 엉덩이의 노출된 부분을 가리키며, "아무래도 여기가 좋을 것 같네요." 하고 말했습니다.

그런데 내가 이 말을 하자 이상한 침묵이 감돌았습니다. 그 사람은 22살의 여성 교구 주민이었던 것입니다.

나는 사과하고 그녀와 이야기를 나눠보려 했지만 그녀는 황급히 자리를 떴고, 너무 당황스러웠습니다.

그녀가 나가고 30초쯤 뒤에 상황의 여파가 밀려왔고, 웃음이 나기 시작했습니다. 상상할 수 없을 만큼 아팠지만 웃고,

웃고, 또 웃었습니다. 마침내 간호사가 들어왔을 때는 눈물이 얼굴에 흘러내리고, 숨까지 헐떡였습니다.

간호사는 무슨 일이냐며 물었습니다.

간호사에게 이 일을 말해 주려 했지만, 한두 마디도 꺼내기 무섭게 웃음 발작이 난 것처럼, 다시 포복절도하는 웃음이 터져 나오는 바람에 말하지 못했습니다.

기분이 좋아진 간호사는 몇 분간 진정할 시간을 주고 진통제를 주러 다시 돌아오겠다고 했습니다. 간호사가 다시 돌아와 무슨 일이 있었느냐고 물었을 때서야 평정심을 되찾았습니다.

그녀에게 말하려고 하자 다시 웃음이 터졌습니다. 그리곤 그녀도 저를 보면서 웃기 시작했고, 그 바람에 더 웃음이 났습니다.

간호사는 결국 15분 정도 뒤에 다시 돌아오겠다고 약속을 하고 나갔습니다. 내가 간호사에게 무슨 일이 있었는지 말해 주기까지 몇 번이나 이런 상황이 반복되었습니다. 그리곤 고통이 사라졌습니다.

3시간 이상 동안 진통제는 필요하지 않았습니다. 그리고는 그것이 회복에 있어 심적인 전환점이 되었습니다.

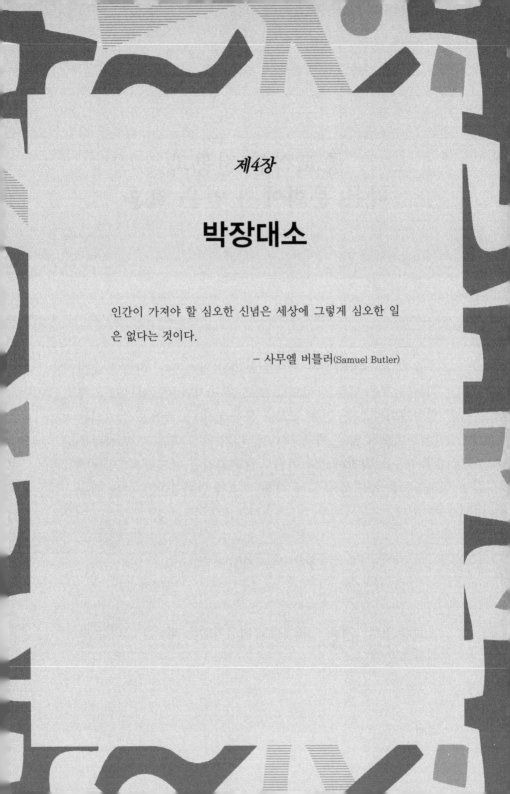

제4장

박장대소

인간이 가져야 할 심오한 신념은 세상에 그렇게 심오한 일
은 없다는 것이다.

— 사무엘 버틀러(Samuel Butler)

종교적인 전통과
다른 문화에서 얻은 교훈

우리 문화는 죽음을 적으로 보라고 가르쳤다. 하지만 죽어 가는 과정을 다른 방식으로 보고, 우리처럼 죽음을 불길하게 받아들이지 않는 전통 종교나 문화가 있다. 죽음을 금기되는 것으로 보지 않는 희극 작가들, 자기 자신 혹은 주변 사람들의 죽음을 직면하고도 여전히 유머감각을 유지할 수 있었던 사람들을 보면서 죽음에 대해 가볍게 받아들이는 법을 배울 수 있다.

웃어야 한다는 걸 알았다면, 울지 말아야 한다.

　　　　　　　　　　　　　　　　　　　　－선종의 말씀

삶과 마찬가지로 죽음에서도 마음가짐은 세상을 그리는 크레파스와 같다.

우리는 질병을 절망적인 시기로 볼 수도 있고, 한걸음 쉬어 가며 삶을 돌아보는 기회의 시간으로 볼 수도 있다. 죽음을 불공평한 끝으로 볼 수도 있고, 삶의 필연적인 부분으로 볼 수도 있다.

슬픔을 피할 수 없는 일로 받아들일 수도 있고, 힘을 모아 더 앞으로 나아갈 기회로 받아들일 수도 있다. 장례식을, 죽음을 비통해 하는 시간으로 생각할 수도 있고, 삶을 축복하는 시간으로 볼 수도 있다.

불교의 선종과 유대교의 전통 모두, 고통과 괴로움, 죽음을 삶의 일부로 보았다. 그리고 고통을 감소시키고, 삶의 여러 가지 일들을 너무 심각하게 받아들이지 않도록 아픔을 웃음으로 받아들인다. 두 개의 사상 모두 같은 이야기를 하고 있다. 모든 상황, 모든 경험 심지어는 죽음도 유머를 위한 기회이다. 아래 유대교의 가르침이 담긴 한 이야기를 보자.

공연의 사회자가 다음과 같이 말했다.

"신사 숙녀 여러분, 유명한 배우 레이브 씨가 뇌졸중으로 쓰러지셨고 그로 인해 오늘 밤 공연이 취소되었음을 알려 드리게 되어 매우 죄송스럽게 생각하는 바입니다."

이때, 2층 발코니석의 한 여성이 일어나 소리쳤다.

"서두르세요. 그에게 관장제를 주세요!"

"숙녀 분, 뇌졸중은 치명적인 병입니다." 하고 사회자가 말했다.

"그러니까 관장약을 주라고요!"

그녀가 다시 소리쳤다.

"숙녀 분, 이해를 잘못하고 계신 듯합니다. 레이브 씨는 서거하셨습니다. 관장약은 아무 도움이 안 됩니다."

"해가 되지는 않겠죠!"

유머가 죽음을 막을 수는 없지만, 2층 발코니석의 여자, 그리고 불교 선종이나 유대교의 가르침이 우리에게 상기시켜주었듯이, '해가 되지는 않을 것이다.' 유머는 우리가 죽는다는 사실을 변화시키지는 못해도, 그 사실을 안고 받아들이게 도와준다.

불교의 선종과 유대교의 사상은 두려움 속에서 웃음이 새로운 관점을 제시한다고 가르치고 있다. 어떤 상실이나 아픔, 완전한 소멸까지도 웃음으로 승화될 수 있다. 아래의 이야기를 읽어 보자.

다시 한 번 홍수가 날 것이라고 예보되었다. 그것을 막기 위해 할 수 있는 것은 없다. 3일 안에 물이 세상을 휩쓸 것이다.

불교의 지도자는 텔레비전에 나와 모두에게 불교 신자가 되어야 한다고 간청할 것이다. 그를 통해 그들은 적어도 천국에서 구원을 받을 것이라고 한다.

교황들은 텔레비전에 나와 비슷한 말을 할 것이다.

268

"하느님을 받아들이기에 아직 늦지 않았습니다."

이스라엘의 랍비 선도자는 조금 다른 말을 할 것이다.

"오늘부터 3일 동안, 물 아래에서 사는 법을 배우도록 하겠습니다."

불교의 선종은 진지하게 생각하게 만드는 이야기와 선문답 등 조용한 방법을 통해 어두운 시기를 밝게 만들 수 있는 방법에 대해 이야기한다.

선문답은 여러 가지 답을 가지고 있으면서도 동시에 답이 없는 난센스 질문을 말한다.

예를 들어 '한 손으로 치는 박수의 소리는 어떤 것입니까?' 라는 질문과 같은 것이다. 반면에 유대교는 보다 실제적이다.('암을 예방합시다! 당신이 건강하다면요.')

유대문화는 '죽음으로써 영생을 얻을 수 있습니다.' 라고 말하면서 죽음의 필연성에 대한 농담을 한다. 선종의 가르침 또한 비슷하고, 가벼운 마음으로 중요한 교훈을 말해 준다. 아래의 이야기처럼 모든 것은 소멸한다.

선종의 지도자, 이큐는 어린 시절부터 영리했다. 그의 스승은 진귀한 찻잔과 희귀한 골동품들을 가지고 있었다. 이큐가 한번 그 컵을 깨트리고 크게 당황했다. 스승의 발소리가 들리자 그는 뒤로 컵 조각들을 숨겼다.

스승이 나타나자 이큐가 물었다.

"사람은 왜 죽어야 합니까?"

"자연스러운 일이다. 모든 것은 소멸하게 되어 있고, 존재하는 데 시간이 좀 걸릴 뿐이다."

깨진 컵을 내밀며 이큐가 말했다.

"스승님의 컵이 소멸할 때가 되었습니다."

유머스러운 이야기를 통하여 죽음과 아픔에 관한 가르침을 주는 사상은 선종과 유대교만이 아니다.

한 예로 이슬람의 수피교에서는 유달리 영리했던 물라 나스러딘이라는 사람의 이야기를 통해 이런 가르침을 전달한다.

아래 글은 모든 것은 소멸한다는 보편적인 사실을 다시 한 번 상기시키는 나스러딘의 이야기이다.

하루는 나스러딘이 이웃에게 가서 굉장히 큰 항아리를 빌려 달라고 했다.

그의 이웃은 "미안하네, 자네에게 내 항아리를 빌려줄 수가 없네. 자네가 혹시 안 돌려줄까 그게 걱정이네." 하고 말했다.

나스러딘은 그 이웃에게 정확히 3일 안에 돌려줄 것을 약속했다. 이웃은 마침내 승낙을 했다. 정확하게 3일 뒤에 나스러딘이 항아리와 함께 나타났다. 이웃이 안을 보니 놀랍게도 그 안에는 작은 항아리가 들어 있었다.

이웃이 물었다.

"이것이 무엇인가?"

나스러딘이 대답했다.

"어르신의 항아리가 우리 집에 있을 때 이 작은 것을 낳았습니다."

일주일 뒤, 나스러딘이 이웃집에 다시 나타나 큰 항아리를 빌려달라고 했다. 이웃 사람은 이번에는 흔쾌히 빌려주며 나스러딘에게 3일 안에 가져오라고 말했다. 나스러딘은 그렇게 하겠다고 했다.

3일이 지났지만 나스러딘이나 항아리에 대한 소식은 전혀 들을 수가 없었다. 그 주가 지나고 나스러딘과 이웃이 시장에서 만나자 이웃이 그의 항아리에 대해 물었다.

"말씀드리기 유감입니다만, 어르신의 항아리가 죽었습니다."

"내 항아리가 죽었다니? 어떻게 그럴 수가 있지? 항아리는 죽지 않네."

나스라딘이 대답했다.

"항아리가 항아리를 낳을 수도 있다면, 죽기도 하겠지요."

중국의 이야기들도 죽음과 그 두려움을 받아들이는 교훈을 준다.

아래의 이야기처럼 모든 것은 사라지고, 모든 죽음에는 이유가 있다는 것이다. 큰 그림의 일부로서의 죽음은 삶의 필연적인 부분이다. 죽음이 존재하지 않는다면, 삶은 지금과는 달라질 뿐 아니라 감당하기 어려워질 것이다.

옛날 옛적에, 훌륭한 왕이 가까운 귀족들과 사냥을 나갔다. 그들은 몇 킬로미터나 멀리 내려다보이는 언덕의 꼭대기에서 잠시 쉬어가게 되었다.

왕이 비옥한 평야와 북적이는 도시가 보이는 자신의 영토를 살펴보며, 눈물을 흘렸다.

그는 궁전과 귀족들과 그에게 주어진 부와 영예, 그리고 사랑하는 사람들을 생각하였다.

"언젠가 내가 죽고 이 모든 것을 남기고 떠날 생각을 하게 되는구나."

왕이 탄식했다.

그와 함께 있던 귀족이 곰곰이 생각하더니 왕을 위로했다. 그들은 자신들도 죽으면 궁전과 부와 영예를 잃게 될 것이라고 했다.

왕이 말했다.

"우리가 영원히 살 수 있다고 생각해 보시오!"

귀족들이 "네." 하고 대답하고는 이내 불멸에 대한 생각을 하며 눈빛이 빛났다.

잠시 후 그들 중 한 명이 웃기 시작했다.

왕은 그냥 무시하고 말을 이어갔다.

"우리는 이 모든 것을 두고 떠나야 하는 게 아니오."

그 귀족이 또 웃었다. 이렇게 몇 번이나 이야기 도중에 그 귀족이 웃었고, 왕은 무엇이 그리 웃기는 일인지 물었다.

그러자 그 귀족이 머리를 숙이며 말했다.

"폐하, 말씀드리기 송구하오나, 저의 우스갯소리를 하지 않을 수 없게 되었기에 말씀드립니다."

그는 잠시 멈추었다 이야기를 이어갔다.

"소인은 세상에 죽음이 없고 모두가 영원히 살게 되면 어찌 될까 상상해 보았습니다. 그렇다면, 첫 번째 폐하가 우리와 함께 살아계실 테고, 대성인도 마찬가지입니다! 불멸의 통치자와 두려움 없는 장군도 상상해 보십시오! 그들과 비교해 보면, 소인과 저의 동료 군주들은 그냥 벼농사를 짓겠지요. 또한 폐하께서도 상인이 되셨을 수도 있습니다! 이런 생각을 하다 보니, 웃음을 멈추지 못하였습니다!"

다른 귀족들은 왕의 분노가 두려워 숨을 참고 쥐 죽은 듯이 있었다. 긴장이 감돌던 순간이 지나자 왕이 웃었다.

그는 술잔을 들어 올리며 다른 귀족들을 보며 말했다.

"나의 어리석음을 위하여, 모두에게 각 한 잔씩 벌주를 돌리겠소. 그대도 마찬가지일세."

왕은 웃음을 참지 못했던 귀족을 보며 말했다.

"내가 죽음에 대해 또 한 번 애통해 하면, '이보게나, 상인!' 하고 외쳐주게나."

삶의 마지막 순간에 죽음을 원치 않을 수도 있지만, 자신이 소유하고 있을 때 소유한 것에 즐거워하는 것 외에 우리가 할 수 있는 일은 많지 않다.

심지어는 힘든 시기에 죽음이 눈앞에 닥쳐도, 심지어 실 하나로 삶에 매달려 있더라도, 주변을 둘러보고 즐길 거리를 찾아볼 수 있다.

그것은 아래 마지막 선종의 이야기가 전하는 가르침이다.

평야를 지나고 있는 한 방랑자가 호랑이를 만나게 되었다. 호랑이가 그를 쫓아오자 그는 도망쳤다. 벼랑 끝까지 와서 그는 큰 야생 포도나무 덩굴의 뿌리를 잡고 끝을 넘어 몸을 던졌다. 호랑이가 위에서 그의 냄새를 맡으며 킁킁댔다. 긴장되는 순간 아래를 보니 아래에는 또 다른 호랑이가 그가 떨어지면 잡아먹으려고 기다리고 있었다.

그를 위로 잡아주고 있는 것은 그 나무줄기뿐이었고, 절벽꼭대기에서 두 마리의 쥐들이 그것마저 갉아 먹고 있었다.

곤경에 빠진 채 그는 주위를 둘러보다 나무줄기 주변에서 탐스러운 딸기를 발견했다. 한 손에는 나무줄기를 잡고 한 손으로는 딸기를 따며 말했다.

"아 정말 달콤하구나!"

274

코미디언이 주는 교훈

죽음은 항상 우리와 함께 있다.

예술은 그 사실을 알고, 받아들이고, 웃게 만들어준다.

　　　　－로버트 리트먼 박사(Dr. Robert Litman, '웃음의 축복' 의

　　　　　　　　　　　　　　　　　　'죽음에 대한 유머' 에서)

　코미디 극작가와 코미디언, 만화가들은 유머러스한 눈을 통해 죽음을 볼 기회를 제공한다. 사람들이 흔히 웃기지 않다고 생각하는 것도 웃기게 창조해 낸다.

　아래의 진부한 농담에서 나타나듯, 이런 과정을 통해 죽음에 대한 근심과 두려움의 일부가 완화된다.

　핀스키 씨는 남동생에게 그가 해외 출장을 다녀오는 동안 그의 고양이를 돌봐달라고 했다. 핀스키는 그 고양이를 무척이나 아꼈지만, 동생은 그렇지 않았다.

　핀스키가 출장에서 돌아오자마자 동생에게 전화해 고양이에 대해 물었다.

　동생은 느닷없이 "그 고양이 죽었어." 하고 말하고는 전화를

끊어버렸다.

며칠 동안 핀스키는 슬픔을 견딜 수가 없었다.

드디어 그의 동생과 다시 연락이 닿았다.

"그렇게 갑자기 내 고양이가 죽었다고 말하다니. 어떻게 그렇게 잔인하고 냉혹할 수가 있니?"

"내가 어떻게 했어야 하는 건데?"

동생이 소리쳤다.

"좀 더 부드럽게 말해 줄 수도 있었잖아. 일단 고양이가 지붕에서 놀고 있었다고 말할 수 있잖아. 그다음에 그가 떨어졌다고 말하고, 다음 날 전화해서 다리가 부러졌다고 말할 수 있잖아. 그러고 나서 내가 고양이를 데리러 갔을 때, 간밤에 고양이가 죽었다고 말할 수 있었잖아. 하지만 그렇게 하기엔 넌 아직 한참 부족한 인간이었구나. 어머니는 어떠시니?"

동생이 잠시 머뭇거리다가 대답했다.

"어머니는 지붕에서 놀고 계셔."

작가, 조지 마이크에 의하면 죽음을 보고 웃는 것은 우리에게 세 가지 기쁨을 준다고 한다.

"농담 자체로 주는 즐거움, 죽음을 비웃는 것에 대한 적대적인 즐거움, 죽음을 길들이고 친해지는 즐거움."

게리 라슨의 '아주 먼 곳(The Far Side)'이라는 만화의 대부분은 이 세 가지 즐거움을 만들어낸다. 한 만화에서 실행자가 조작 스위치를 만지작거리는 동안 전기의자에 앉아 처형되기를 기다리는 남자의 모습이 나온다. 집행자 중 한 명이 다른 이에게 말한다.

"연결 부분에 먼지가 껴 있을 거야. 몇 번 올렸다 내렸다 해봐."

또 다른 만화에는 서부 지방의 다소 서투른 형벌 모습이 그려져 있다.

나무의 올가미와 함께 말과 남자 그리고 밧줄에 칭칭 감긴 채 공중에 매달린 형벌 집행자의 모습이 있다.

자막에는 "괜찮습니다. 괜찮아요. 모두들 일단 진정하시고, 다시 한 번 설치해 보겠습니다."

죽음을 보고 웃을 수 있다는 것을 보여준 가장 완벽한 코미디언은 아마 우디 앨런일 것이다.

그가 말했다.

"탄생은 치명적인 질병이다."

우리 모두가 알듯이, 앨런도 모두가 언젠가는 죽을 것이라는 것을 알고 있지만 대부분은 우리가 죽음을 직면하기 전에는 그에 대해 이야기하기를 꺼려한다.

하지만 앨런은 죽음에 대한 자신의 두려움에 대해 질문하며 재미있는 말들을 던진다. 그러고는 우리 자신의 두려움을 직시하게 한다.

그는 "나는 죽음을 두려워하는 것이 아니라, 단지 죽고 싶지 않은 것뿐이다."라고 말한다.

앨런은 금기된 이야기의 장을 열어, 답이 없는 삶의 질문을 일상의 중심에 나란히 놓고 우리 자신을 보고 웃게 한다. 순간 심각함은 우스꽝스럽고, 더 이상 심각한 일이 아니게 된다.

"저는 사후 세계가 있는지 모르겠지만, 만일을 대비해 속옷들을 챙겨갈 겁니다."

앨런은 알려진 사실과 알려지지 않은 부분을 함께 이야기하며, 죽음을 좀 더 편하게 생각하도록 해주었다.

앨런의 단막극 '죽음이 문을 두드리다(Death Knocks)'에서 죽음은 창문으로 기어 올라와 창턱에서 조심스럽게 내려와서 애커맨의 침실로 들어간다.

'죽음'의 첫 대사는 "아, 목 부러질 뻔했네."였다.

죽음은 더 이상 무시무시한 저승사자가 아니라 다른 인물과 다를 게 없는 어딘가 어설프고, 숨까지 헐떡이는 존재였다. 죽음은 애커맨의 목숨을 가져가려 하지만 애커맨은 대항한다.

"왜 하필 지금이어야 하느냐? 이제 막 모디스테 오리지날사와 합병한 이 중요한 시기에!"

애커맨과 죽음은 거래를 한다. 술을 놓고 게임을 하기로 한다. 애커맨이 이기면 죽음은 내일 돌아올 것이고, 죽음이 이기면 그는 죽음과 함께 가야 한다. 자연스럽게 애커맨이 이기고 죽음은 황급히 조심스럽게 계단으로 내려가 자리를 뜬다.

애커맨이 소리친다.

"죽음, 별거 아니구나!"

애커맨은 죽음의 힘을 알아차리지 못했기 때문에, 죽음은 아무런 힘을 쓰지 못했다. 유사하게 자신의 죽음(또는 여러 상실과 시련)에 대해 농담을 하면서 우리도 그렇게 이겨낼 수 있다.

유머를 통해, 앨런은 지금 이 순간, 그리고 다음에 오게 될 순간이 얼마나 부조리하고 우스운지를 보여준다. 그는 죽음을 피하려는 우스꽝스러운 우리 자신의 모습을 보여주고 웃음을 자아냈다.

그의 영화 '잠자는 사람(Sleeper)'에서 생존을 지속시키기 위해 몸을 얼리고 극저온학과 신체 세포를 복사하는 유전자 복제에 대한 농담을 한다. 200년 뒤, 깊은 냉동에서 깨어난 후, 앨런은 불쑥 한마디 한다.

"내 담당 의사는 내가 5일간 병원에 머무를 거라고 말하곤 195년간 휴가를 떠났네요."

영화의 뒷부분에서 앨런은 지도자의 유일한 부분에서 그를 복제하는 장면을 통해 나라의 죽은 지도자를 복제하는 시도를 조롱했다. 그 유일한 부분은 코였다.

그의 모든 글에서 앨런은 반복해서 질문을 던진다.

"삶의 의미는 무엇이고 우리는 왜 존재하는가?"

그는 "삶은 끔찍하거나 비참하다."고 말할지라도, 우울함 아래에서 괴로움으로부터 벗어나는 유일한 방법은 유머라는 것을 알고 있다.

영화 '한나와 자매들(Hannah and Her Sisters)'에서 앨런은 밑바닥 인생까지 경험하고 더 이상 살고 싶지 않아 하는 인물을 연기했다. 절망적으로 우울한 상태에서 그는 뉴욕의 거리에서 의미 없는 포효를 한다. 잠시 앉을 곳을 찾아 영화관으로 들어간다. 영화에 나온 모습들은 그에게 다시 시작할 희망과 계속 살아갈 힘을 주었다.

막스 형제 영화의 익살스러움을 지켜보며, 그는 삶의 답이 없는 질문에 대한 답 찾기를 멈추고 세상을 즐기기 시작해야겠다고 깨닫는다.

또 다른 영화 '사랑과 죽음(Love and Death)'에서 그는 같은 메시지를 전한다. 다른 어느 작품보다 앨런의 죽음에 대한 두려움이 잘 드러난 영화였지만, 주제는 마지막의 상실이 존재하더라도 알찬 삶을 살아갈 필요성을 이야기하고 있었다.

영화 속 한 인물이 말한다.

"슬픔으로 자신을 낭비하지 마세요. 죽은 사람은 죽은 사람이고, 산 사람은 살아야죠."

영화의 마지막 장면에서 앨런은 어떻게 살아야 할지, 또 어떻게 삶을 마무리해야 하는지에 대해 이야기한다. 죽음을 눈앞에 두고 춤을 추는 주인공, 보리스의 모습이 나온다.

앨런의 전기 작가, 마우리스 야코워는 이렇게 말했다.

"이 장면은, 죽음 앞에서 우리가 할 수 있는 것은 손가락을 쥐고, 춤을 추고, 웃고, 즐거워하는 것뿐이라는 것을 말하고 있다."

현자들로부터의 교훈

우리네 슬픈 세상, 모든 이에게 슬픈 일이 생긴다.

쓰디쓴 고뇌도 함께 온다.

시간과 함께 흘러가는 것이 유일한 완벽한 안락이다.

그렇다고 그것이 삶의 전부는 아니다.

다시 행복해질 것이다.

그 이치를 깨닫는 순간, 비참하지 않을 것이다.

나는 무슨 말인지 알 만큼 살아왔다.

— 에이브러햄 링컨

램 다스는 그의 저서 '방앗간의 곡식(Grist for the Mill)'에서 4명의 아이와 함께 살아가는 암에 걸린 여자의 이야기를 썼다. 그녀가 참가한 워크숍에서 참가자들에게 물었다.

"암으로 죽어가는 이 28살짜리 아이 엄마의 병문안을 위해 병원으로 들어서는 순간이라면 어떤 심정이실 것 같으세요?"

청중들은 여러 가지 대답을 했다. 화가 난다, 슬프다, 절망적이다, 불쌍하다, 혼란스럽다, 걱정스럽다…… 등등.

그녀가 물었다.

"만약에 자신이 28살짜리 아이 엄마이고 모든 사람이 그런 마음으로 병문안으로 온다면 어떠실 것 같으세요?"

심각한 질병을 겪는다는 것은 충분히 좋지 않은 일이다. 그 좋지 않은 사실만을 생각하는 것은 상황을 더 악화시킨다. 환자와 간병인, 혹은 환자의 안위를 걱정하는 사람으로, 지금 비록 힘든 시기지만 희망과 즐거움, 웃음으로 긍정적인 마음가짐을 갖고 기운을 내는 것은 매우 중요한 일이다. 그렇지 않으면, 자신도 침울해질 뿐 아니라 다른 사람들까지 우울하게 만든다.

미국의 첫 번째 에이즈 환자인 마크 펠드만은 심각한 질병에 걸린 사람들에게 어떻게 비관적인 상황에서 낙관적인 마음을 가질 수 있는지 보여주었다.

에이즈 진단을 받은 날, 그는 병원을 나서면서 사랑과 자신에 대한 소중함과 유머로 받아들이거나, 아니면 그냥 멀리 도망가 숨어 버려야겠다고 생각했다. 그는 사랑과 자신의 소중함, 유머를 선택했다.

마크는 밖으로 나가, 자신이 삶의 주인이고 아직 그 사실은 변하지 않았다는 사실을 상기시키기 위해 금색 왕관을 샀다. 병이 진행되는 동안 할 수 있는 것이 그리 많지 않았지만, 그는 감정을 조절할 수 있었다.

"항상 기분 좋은 상태를 유지하려고 웃는 얼굴을 하고 있기로 했습니다."

마크가 말했다.

그는 모든 지겨운 치료 과정을 게임으로 생각하기 시작했다.

예를 들어 그가 병원 검사실 테이블에 올라가야 할 때마다, 그는 천장에서 아래에 무슨 일이 벌어지는지 내려다보는 것처럼 행동했다.

내가 이유를 묻자, 그는 "그게 더 재미있어요."라고 했다.

마크는 세상을 떠나고 없지만, 그의 유쾌한 마음은 많은 사람의 마음속에 남아 있다.

그가 병에 걸리고 난 후, 사람들이 그를 어떻게 대했는지 물어 보았을 때, 그는 이렇게 말했다.

"모든 친구들은 정말 너무 고마웠어요. 제가 부탁하는 것은 뭐든지 다 해주었습니다. 그런데 왜 바닥과 창문 청소는 안 해주는지 모르겠군요."

7년 동안 암 투병생활을 해온 한 여성이 의사에게 지시사항을 따르지 않았다고 한 소리 듣고, 나에게 전화를 했다. 그녀는 극도로 우울해져서 자살을 생각하고 있었다. 의사조차 나를 이해하지 못한다면, 내가 왜 살려고 해야 할까? 그녀의 목소리는 절망감에 가득 차 있었고 버려진 느낌을 받았다고 했다.

우리의 대화를 전환시킨 것은 적어도 그녀에게는 선택권이 있다는 그녀의 발견이었다. 아마 그녀는 암을 멈추게 하거나 의사와의 관계를 맘대로 하지는 못할 것이다.

그러나 그녀는 지금 상황을 자신의 선택으로 받아들일 자격이 있다. 그녀는 의사를 무정한 사람으로 받아들이고, 암과의 투병을 끝없고 결실 없는 전쟁으로 볼 수도 있다. 반면 그녀는 또 다른 시각으로 상황을 볼 수도 있다. 삶을 아이의 눈을 통해 볼 수도 있는 것이다.

작은 사소한 것에서 기쁨을 찾아보자. 지루하기 그지없는 일상 속에서 즐거움을 찾아보자. 그녀는 나비가 날아가는 것을 보고 웃을 수 있었다. 그녀만이 무의미해 보이는 세상에서 삶의 경이를 발견할 수 있는 힘을 가지고 있었다. 그녀만이 매 순간을 새롭게 선택할 수 있는 힘을 가지고 있었다.

우리가 말했듯이, 그녀는 강해지기 시작했다. 모든 게 그렇게 절망적이지는 않다는 걸 깨닫게 되었다. 선택할 힘을 되찾으면서 그녀는 삶을 되찾기 시작했다. 아직 그다지 웃을 준비가 되어 있지는 않았지만, 그녀는 세상을 다르게 바라보고 있었다.

어른들은 별로 괴로워하지 않으면서 고통을 견뎌내는 다른 어른들을 보고 많은 것을 배울 수 있다.

하지만 가장 좋은 본보기는 아이들이다. 아이들은 괴로움을 이겨내는 놀라운 재주가 있는 듯하다. 어른들은 아이들로부터 죽음과 관련된 것들을 가볍게 받아들이는 법을 배워야 한다.

내가 면접을 본 포레스트라는 사람은 딸이 검진을 받기 전에 있었던 일에 대해 이야기해 주었다.

딸이 검사를 받기 전에 수술 장갑을 터트리고, 입고 있던 환자복에 "안녕, 의사선생님. 그 사건 후 한 시간 정도가 지났을 때 방에 들어갔어요. 방은 너무 깨끗했어요. 슬픔도 없고, 우울함도 없었어요. 설명하긴 어렵지만, 살아 있는 건 아니었어요."라는 쪽지와 함께 장갑을 넣어두었다.

포레스트가 친구에게 쓴 편지에서 그는 말했다.

누군가는 소아과 병동에서의 삶이란 슬픈 일이라고 생각했다. 그러나 그렇지 않았다. 그곳은 세상에서 가장 신나는 장소였다. 모든 아이들은 자신이 좋아하는 흥밋거리를 만들어 낸다. 그들의 업무는 우선 고통을 겪어내는 일, 그리고는 그들의 진짜 업무, 즐거움을 찾는 일에 몰두하는 것이었다.

포레스트는 "그들은 암환자나 죽어가는 사람이 아니었다. 그들은 그냥 암에 걸린 아이들이었다."라고 결론을 지었다.

자신에게 주어진 상황의 희생자가 되지 않는 획기적인 방법 중 하나는 캘리포니아, 티버론의 마음치료 센터에서 있었던 이야기를 통해 발견할 수 있다.

제럴드 잼폴스키 박사는 주로 치명적인 질병에 걸린 아이들을 치료한다. 아이들은 자신이 병에 걸렸다는 사실을 한탄하기보다, 이런 상황 속에서 한 줄기 빛을 만들어낸다.

예를 들어 약물치료로 의한 탈모에 대한 질문에 "신은 어떤 사람들에게는 완벽한 모양의 머리통을 주세요, 나머지 사람들한테는 머리카락을 주지요."라고 대답한다.

아동센터에서 직접 쓰고 그린 내용을 편찬한 '모든 먹구름 뒤에는 무지개가 있지요.' 라는 책에는 이런 구절이 있다.

　"'바깥에서', 당신 주변에 무슨 일이 생기더라도, '안에서는' 웃는 얼굴로, 마음을 다스려 보세요. 행복해지는 법을 배울 수 있습니다."

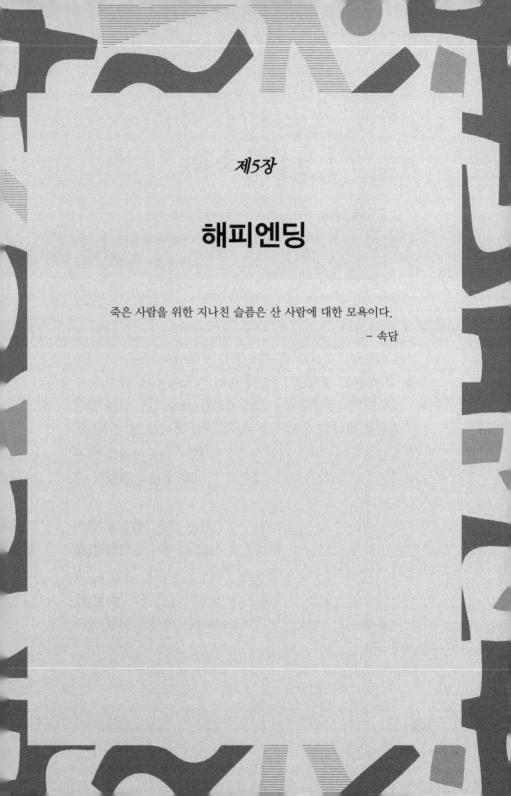

제5장

해피엔딩

죽은 사람을 위한 지나친 슬픔은 산 사람에 대한 모욕이다.

– 속담

상실의 축복

모든 전환점에서 우리는 기존의 것을 따르느냐
아니면 새로운 길을 만들어 가느냐 하는 선택을 하게 된다.

- 스탠리 켈레맨(작가)

　　장례식은 일반적으로 슬프고 침울한 일이다. 혹은 그 이상이 될 수 있다고 생각한다. 만약 이런 의식에 다소 즐거운 순간이 허락되거나, 심지어는 그런 계획을 세운다면, 끝난 삶에 대한 애도뿐 아니라 살아 있는 삶에 대한 축하도 될 수 있다. 만약 일상생활에서처럼 장례식에서도 어떤 축복거리를 발견하게 되면, 그 장례식에는 눈물만이 아니라 웃음과 눈물이 공존하게 된다.

　　우리가 죽음이 슬픈 것이라고 생각하는 것은, 죽음을 받아들이는 방식에 기인한다. 괴로움과 상실 속에서 유머가 있을 수 없다고 생각하는 것은, 우리의 대응 방식이다. 반면에, 죽음이나 아픔같이 힘든 시기를 통틀어 삶의 모든 시기에 늘 즐거운 태도를 갖는 것이 가능하다는 생각은 자신을 위한 창조의 과정이다.

도스토예프스키의 '카라마조프가의 형제들'의 마지막 부분에서 젊은이가 죽는다. 그의 친구인 앨료샤는 장례식 후에는 전통에 따라 팬케이크를 먹어야 하지 않겠느냐고 말한다. 이유는 죽음의 쓰디씀을 약간의 달콤함과 섞기 위함이다.

아마도 죽음의 쓴 맛을 완화시키기 위해 중요한 의식에 웃음의 달콤함을 더해야 할 뿐 아니라, 그 의식이 삶의 축하가 되도록 약간의 유머도 더할 필요가 있다.

유대교를 만들어낸 고대의 이야기 모음, 탈무드는 아래와 같은 독특한 교훈을 가르친다.

두 배가 항구에 정박되어 있었다. 한 배는 항해를 나가는 배였고, 또 다른 배는 항구로 돌아오는 배였다. 사람들은 나가는 배에게 환호를 해주었지만 돌아오는 배는 눈에 띄지도 않을 정도였다.

이 모습을 보고 한 현자가 말했다.

"어떤 혹독한 위험을 맞닥뜨리게 될지 모르니, 바다로 나가는 배를 위해 환호하지 말거라. 그보다, 사람들을 모두 집으로 데리고 연안으로 들어오는 배를 환호하게나."

세상은 그렇다. 아이가 태어나면 모두들 기뻐한다. 누군가 죽으면 모두 슬픔의 눈물을 흘린다. 처음에 기뻐했던 것보다 더는 아니더라도 마지막에도 그만큼 기뻐해야 한다는 것은 이치에 맞는 이야기이다. 아무도 갓 태어난 아이에게 무슨 일이 일어날지 모르지만, 인간이 생을 마감할 때, 그는 성공적으로 그의 여정을 마친 것이다.

삶의 여정이 끝나면 지나치게 심각한 장례절차의 분위기를 밝게 함으로써 기뻐할 수 있다. 우선, 추모식에 약간의 달콤함을 더한 사람들로부터 어떻게 할 수 있는지 배울 수 있다. 둘째로, 극도의 스트레스 상황에서 종종 들리는 자연스러운 웃음을 들을 수 있도록 귀를 열어둘 수 있다. 셋째, 돌아가신 이의 유머러스했던 모습을 그를 위한 헌사에 넣어 웃음의 무대를 만들어 보자.

쓴 맛에 달콤함을 더해 보자.

하루는 샌프란시스코의 거리를 걷고 있는데, 장례식 행렬 사이로 보이는 창문에 붙어 있는 2가지 문구를 보게 되었다. 하나는 간단히 'FUNERAL(장례식)'이라고 쓰여 있었다. 다른 하나는 원래 같은 글씨가 씌어 있었는데 누군가 알파벳을 분리시켰다가 다시 붙여 놓았다. 다른 하나에는 'REAL FUN(즐거움)'이라고 씌어 있었다.

어떤 방식으로도 장례식이 정말 재미있다고 말하지는 않을 것이다. 진정한 슬픔을 가짜 웃음으로 바꾸는 일은 어리석은 일이다. 그러나 슬픈 상황에 약간의 유머를 허락하는 일은 마음을 열어주고 슬픔의 시간 동안 평정을 유지시키도록 도와준다.

멕시코에서 '죽은 자의 날' 은 매년 죽음에 대한 농담을 하기 위해 정해졌다. 미소 짓는 해골 케이크, 춤추는 뼈다귀, 설탕을 입힌 시신 모형은 모두, 우리가 살아 있음을 의식하게 해주는 동시에 죽음을 놀리고, 멸시하고, 비웃어준다.

웃음은 우리의 마음을 문젯거리로부터 분리시킨다. 상황이 견디기 힘들 만큼 악화되었을 때, 웃음은 주의를 환기시키고, 마음이 치유되도록 한숨 돌릴 시간을 준다.

아마 모든 문화에는 상실감을 이겨내는 그들만의 방법이 있을 것이다. 웃음은 집중을 다른 데로 돌리고 마음을 무언가로 바쁘게 만든다. 대부분의 문화들은 아일랜드의 방법보다 요란하지 않을 것이다.

누군가 말했다.

"우리 가족의 아일랜드 의식이 어떤지 말해 주겠소. 장례식에 가는 길 내내 눈물을 흘리고 웁니다. 그리고 돌아오는 길 내내 웃습니다."

웃음소리에 끊임없이 귀를 기울여 보자.

웃음은 슬픔의 시기에 확고한 위치를 차지한다. 울음처럼 가슴속에 쌓여 있던 억눌린 감정을 완화시켜 준다. 그러나 장례식 중에 사람들은 웃음이 부적절하다고 생각하고, 슬픈 분위기를 망친다는 죄책감 때문에 웃음을 자제하려고 한다.

사실 유족과 상황을 고려하지 않는 웃음은 부적절할지도 모른다. 평소처럼 우리는 사람들을 웃지 못하게 하는 것이 아니라 함께 웃어야 한다.

하지만 웃음을 억제해야 한다는 사실은 장례식 내내 정말 우스운 상황을 만들어낸다. 물론 그런 자발적인 웃음은 의도될 수 있는 게 아니다. 하지만 긴장을 해소시키기 위한 웃음의 기능을 막아서는 안 된다.

유명한 칼럼니스트인 앤 랜더스는 자신의 어머니의 장례식에서 갑자기 터진 웃음을 감추느라 고생한 이야기에 대해 쓴 적이 있다.

장례식에서 목사님이 추도연설을 하시며 과장된 말들을 남발하고 계셨다. 어머니의 불굴의 영혼과 장엄하셨던 인격이라며 과대 포장해서 말씀하고 계셨는데, 어머니에 대해 "레베카는 전장군함 같은 사람이었소."라고 말하였다.

나의 쌍둥이 여동생 포포가 놀라 나를 보고, 우리 둘은 웃음을 터뜨렸다. 우리는 손수건으로 얼굴을 가려 버렸다. 어쨌든 사람들은 어머니의 장례식에서 웃는 것은 옳지 못한 행동이라고 생각했다.

언니 도로시와 헬렌도 전장 군함이야기에 놀랐았다. 언니들이 우리를 봤을 때, 우리는 손수건을 얼굴에 파묻고 있었고, 언니들도 웃기 시작했다. 한편 다른 사람들은 어떻게 네 딸들이 동시에 슬픔을 떨쳐버렸는지 의아해 했다.

가장 웃지 말아야 하는 순간에 가장 웃음이 난다는 말이 있다. 위의 이야기를 보면, 웃음은 종종 슬픈 시기에, 적절하지 않은 상황에서 터지곤 한다. 이때 이런 부적절한 상황에서 웃음이 터졌다고 해도 그 웃음을 참을 필요가 없다는 것이다. 누군가 우스운 말을 했다는 것을 시인하고, 웃고 있다는 사실에 죄책감을 느끼지 말아야 한다.

플로리다 주, 펜서콜라의 장례식장 주인인 제이 테릴 베츠톨은 부적절한 웃음과 관련된 재미있는 이야기를 하나 해주었다.

손자가 아주 많은 한 노인의 장례식을 치른 적이 있었다. 방이 꽉 찼고 돌아가신 할아버지의 부인께서는 굉장히 힘들어하셨다.

할머니께서는 계속 "그는 괜찮아 보이지 않았어요. 편안해 보이지 않았어요."라는 말을 되풀이하셨다.

방 안에 있는 사람들 모두 상당히 불편했고 장례식 진행자는 부인에게 모두 최선을 다했고 할아버지는 좋아보였다고 말했다.

그러자 부인은 되레 큰 소리로 다시 한 번 말했다.

"그는 좋아 보이지 않았어요!"

방 안에는 정적이 맴돌았다.

그때 6살 난 손자가 할머니를 보고 말했다.

"당연히 그렇죠. 할아버지는 자연스러워 보일 수 없죠, 할머니. 할아버지가 돌아가신 걸 본 적이 없으시잖아요."

방 안의 모든 사람이 헉하며 숨이 막히고 이내 할머니가 웃음을 터뜨리자, 방 안의 모든 사람도 함께 웃었다.

가끔은 무심코 말한 말 한두 마디가 눈물을 웃음으로 급반전 시키곤 한다.

이런 일이 생기도록 계획을 세울 수는 없지만, 항상 귀를 열어두고 준비하고 있다가 장례식장의 무거운 분위기를 완화시켜볼 수 있다.

사우스다코타 주의 철학적인 약사인 클리프 토마스는 삼촌의 장례식장에서 무심코 한마디 던졌던 이야기를 해주었다.

삼촌 탐에게 가장 좋은 양복이 입혀졌고, 관례에 따라 금술과 '성 패트릭(St. Patrik's Parish Holy Name Society)'이라고 쓰인 이름표와 큰 파란색 리본을 달았다. 천주교 장례식에서는 주로 이 중에 하나를 고인의 시신에 부착한다. 그것은 금술이 달린 파란색 리본이었다.

잠시 바쁜 동안 숙모께서 장식함을 가져와서 이미 잘 정돈되어 있는 삼촌의 코트를 다시 정돈하셨다.

내가 "작은어머니 왜 또 옷을 정돈하세요?"라고 물었다.

숙모께서 대답하셨다.

"네 삼촌이 좋아 보이지 않는구나. 코트가 구겨졌네."

"무슨 말씀이세요? 좋아 보이기만 하시는 걸요. 아주 멀끔해 보이세요. 제가 보기엔 상이라도 받은 듯해 보이시는데요?" 라고 말했다.

내 한마디가 방 안의 긴장을 깼고, 순간 나는 삼촌의 미소를 보았다.

알라바마의 전문 유머작가인 로버트 헨리의 또 다른 이야기는 재미있는 말들이 어떻게 깊은 슬픔에 빠진 사람들에게 웃음을 주었는지에 대한 이야기이다.

어머니와 저의 사이는 다소 특별했습니다. 어머니는 저의 가장 친한 친구이자 가장 열렬한 지지자이고 가장 큰 힘의 원천이셨습니다. 어머니께서 돌아가셨을 당시 저는 어머니의 절친한 친구였던 넬 씨와 함께 있었습니다.

어머니께서는 친구에게 본인이 하늘나라로 가게 되면 제가 발작을 일으킬 거라고 항상 가까이 있어 주어야 한다는 말씀을 하셨답니다.

어머니께서 돌아가셨을 때, 저는 그렇게 심각하게 마음이 무겁지는 않았습니다. 마치 갑자기 세상이 제 어깨 위에서 산산 조각난 느낌이었습니다. 견딜 수 없을 거라고 생각했습니다. 금방이라도 죽을 것 같은 느낌이었습니다. 어머니의 침대 곁에서 일어난 순간 무릎에서 온 힘이 빠져 나가는 느낌이 들었습니다. 한 대 맞은 느낌이었습니다. 권투선수가 한 방 맞은 것처럼 말입니다. 일어설 수 없겠구나 하고 생각했습니다. 넬 씨의 팔을 붙잡고 일어나려고 했습니다. 넬 씨는 163cm에 50kg이고 저는 179cm에 82kg이었습니다.

저는 넬 씨를 내려다보고 말했습니다.

"기절할 것 같아요."

넬 씨가 말했습니다.

"기절하면 어떻게 하나요?"

넬 씨는 자신이 머리에 얼음찜질을 해주어야 할지, 뺨을 두드려줘야 할지, 다리를 들어줘야 할지 등을 물어 보는 것이었다. 대화는 이렇게 진행되었다.

나는 대답했다.

"그냥 주저앉죠."

이제 삶의 짐과 억압, 슬픔이 올 때마다 내안의 유머 본능이 본색을 드러낸다. 내 인생의 가장 힘겨웠던 시기에 내가 겪은 끔찍한 시간을 극복할 수 있도록 해준 것은 유머였다.

유머를 꺼낼 준비를 하라

가장 이상적인 방법을 말하자면, 무대는 장례식 중의 카타르시스적인 웃음을 위해 고의적으로 설정되어져야 한다.

예를 들어 로버트 오벤이 아는 장관은 추도연설마다 고인에 대한 재미있는 농담을 넣는다고 한다.

이런 유머는 극한 슬픔을 일시적으로 정지시켜 한시름 돌리게 하고, 사랑하는 고인과의 행복했던 따뜻한 추억으로 돌아가게 해준다.

농담은 장례식에 유머를 더하는 좋은 방법이지만 쉽사리 추천할 만한 것은 아니다. 장례식에서 사람들은 부적절한 농담을 하더라도 추도연설문에 화를 내지 않는다는 연구 결과가 있긴 하다.

농담에 다소 불쾌해 할 수 있다는 위험의 가능성을 고려하면서, 고인을 위한 의식에 유머가 자연스럽게 나타나도록 분위기를 조성해야 한다.

장례식에 어떻게 유머를 위한 무대를 준비하는지에 대한 방법으로 샌프란시스코의 레버렌드 로버트 크로미 씨가 진행했던 한 장례식에 대한 이야기를 해보겠다.

내가 얼마 전에 샌프란시스코의 나이트클럽, 보딩하우스에서 거행했던 한 장례식에 대해서 말을 하겠다. 롤린 뉴튼 씨의 장례식이었다.

75명의 친구들과 친지들이 모였다. 유족과 친구들이 모인 앞에서 술집의 높은 의자에 앉았다. 오래된 찬송가를 부르기 시작했다. 이때 우스운 일이 발생했다. 위엄 있던 영국 성공회교도가 찬송가의 락앤롤 음악과 비슷한 부분에서 앞으로 나가는 것이었다. 슬픈 사람들의 불안감과 숨막혀 있던 목소리가 뒤섞여 허공으로 터져 나왔다. 한바탕 웃음소리가 여기 저기서 터져 나왔다.

사람들은 롤린이라는 건전했던 남성의 유머러스함과 재미있었던 일들에 대해 이야기했다. 그의 노래, 기타연주, 사람들을 도와주면서 보여준 동네사람들과의 사교성과 그 친절함에 대해 이야기했다.

나는 사람들에게 죽은 이의 일터가 장례의식에 놀랍도록 적당한 장소라는 말을 한다. 롤린 뉴튼이 일했던 그 클럽에서처럼 말이다. 그의 능력과 열정이 발산되었던 그 장소에서 말이다. 부활과 새로운 삶에 대한 찬송가가 알맞은 장소는 사람들이 웃고, 즐기고, 마시고, 먹고, 행복해 하는 곳이다. 이 남자의 일과 삶, 친구들 속에서 확신할 수 있었다. 성직자들의 일은 대단하고 놀라운 일이다. 나의 첫 나이트클럽 장례식도 분명 장례식이었다. 아름답고, 경이롭고, 특별했다.

내가 죽으면 나의 모든 친구들과 가족들이 축하해 주었으면 한다. 모두 삶의 짧은 아름다움을 상징하는 거품을 한 통씩 갖고 허공에 불어주었으면 한다. 또, 사람들이 이 말을 기억하고 안락을 얻게 되기를 바란다.

다음의 말은 탈무드 문구다.

"삶의 마지막은 그 시작만큼이나 기뻐해야 할 일이다."

298

에필로그

생각의 깃털

삶은 위험하다.
우리는 모두 곡예사이다.
발끝으로 총총 다리를 건너간다.
줄 타는 사람에게 줄은 집과 같다.
몸을 가볍게 던지는 사람들과
그들의 마음은,
아슬아슬 힘겨워 보일지 모른지만,
사실 그들은 안전하다.

－중국의 한 두루마리의 시에서

이제껏 가장 기억에 남는 선생님은 스테판 레빈 선생님이다. 그는 죽음과 죽어가는 것에 대해 워크숍을 하고, '누가 죽었지?(Who Dies?)', '삶과 죽음 속에서 치료받기(Healing into Life and Death)' 등의 몇 권의 책을 썼다.

레빈 선생님은 죽음과 질병과 관련된 분야에서 일을 했지만, 그는 마지막 상실과 모든 상실, 상실뿐 아니라 나아가 삶에 대해서도 말했다.

레빈 선생님이 "죽음이 우리의 적이라면, 삶은 투쟁이다."라고 말했을 때, 나는 상실과 시련이 적이라면, 그것들은 지속적인 고통일 것이라고 생각했다. 나의 시련이 시련, 그 이상의 의미를 갖는 것을 용납할 수 없었다. 슬픔에 사로잡히면, 비극적으로 변하게 된다. 하지만 레빈의 말처럼 '지옥을 향해 마음을 열어둘 수 있다'면, 웃음은 물론, 어떤 것이든 받아들일 준비가 된 것이다.

가끔씩, 나는 '유머를 사용한다.'고 말한다. 실제로 유머를 '사용'하지는 않지만, 마음을 열고, 보고, 밀어내거나 시도하고 억지로 하지 않으면서 유머가 생기도록 할 수 있다.

레빈 선생님은 "순간의 부조리에 마음을 열어두는 것"이라고 했다.

이렇게 마음을 열어두면, 극심하게 고통스러웠던 경험 후에도 다시 웃게 될 수 있다. 시간이 좀 걸리긴 할 것이다.

마크 트웨인은 '너무 오래 머무는 친척들을 창문 밖으로 던져지거나 할 수는 없지만, 문으로 한 걸음이라도 걸어 나가도록 구슬려 봐야 한다.'고 말했다.

자신과 자신의 아픔에 너그러워지자. 유머러스한 관점을 갖고 고통을 천천히 문 밖으로 내보내 보자.

마지막으로 '동서저널'에 실린 바바라 스테이시의 글의 일부를 함께 읽어 보자. 이 이야기는 제럴드 촘스키 박사가 플로리다, 잭슨빌에 있는 병원에서 만난 아이에 대한 이야기이다.

6살 밖에 안 된 여자 아이였다. 간 조직 검사와 뼈 조직 검사를 했다. 하지만 그저 아무 일도 일어나지 않은 듯했다. 그 아이는 사랑과 빛으로 충만한 세상에서 가장 행복한 아이들 중 하나였다. 의료부서와 수술부서 간의 큰 분쟁을 조정하고 있는 병원 관계자를 만나게 되었다.

안젤라에게 말했다.

"저 남자 보이니? 기분이 좋지 않아 보이는구나. 몇몇 사람들이 저 남자한테 화가 났거든. 뭔가 힘이 되는 이야기 좀 해주겠니?"

그 아이는 손을 얼굴에 갖다 대고 말했다.

"오, 주여. 당신이 할 수 있는 일이 무엇인지 알고 있습니다. 어서 깃털을 사서 하루에 세 번, 그를 간질여보세요."

나는 이 병원 관계자에게 깃털을 보내고 이 이야기를 해주었다. 그리고 며칠이 지나 마음이 심란해졌을 때, 깃털로 내 몸을 간질이며 웃어 보고, 천사 같은 안젤라를 생각했다.

이 책의 마지막 페이지에, 가볍게 생각할 것을 다짐하는 의미의 깃털이 당신을 위해 준비되어 있을 것이다.

마음을 치유해 주는 **유머의 힘**

●

초판 1쇄 발행 ‖ 2017년 8월 25일

●

지은이 ‖ 앨런 클라인
옮긴이 ‖ 양영철
펴낸이 ‖ 김종호
펴낸곳 ‖ 밀라그로
주 소 ‖ 경기도 고양시 일산동구 호수로446번길 7-4(백석동)
전 화 ‖ 031) 907-9702, 팩 스 ‖ 031) 907-9703
이메일 ‖ milagrobook@naver.com
등 록 ‖ 2016년 1월 20일(제2016-000019호)

●

ISBN ‖ 979-11-87732-08-2 (03180)

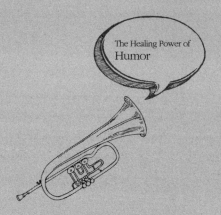